大学英语教育
生态系统研究及对策

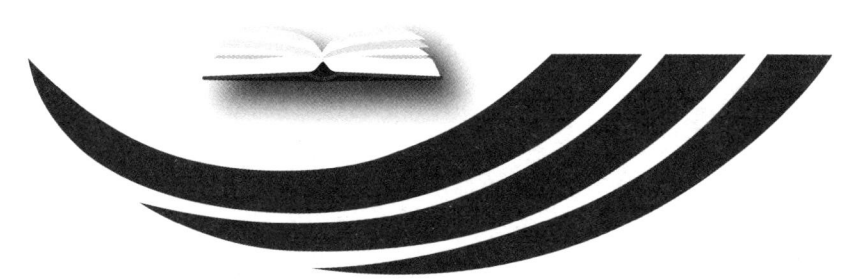

崔文静 ◎著

吉林人民出版社

图书在版编目（CIP）数据

大学英语教育生态系统研究及对策 / 崔文静著. --长春：吉林人民出版社，2022.11
ISBN 978-7-206-19684-3

Ⅰ.①大… Ⅱ.①崔… Ⅲ.①英语—教学研究—高等学校 Ⅳ.①H319.3

中国版本图书馆CIP数据核字(2022)第223088号

大学英语教育生态系统研究及对策
DAXUE YINGYU JIAOYU SHENGTAI XITONG YANJIU JI DUICE

著　　者：崔文静
责任编辑：卢俊宁　　　　　　　　封面设计：百悦兰棠
吉林人民出版社出版发行（长春市人民大街7548号　邮政编码：130022）
印　　刷：三河市嵩川印刷有限公司
开　　本：787mm×1092mm　　1/16
印　　张：8　　　　　　　　　字　　数：100千字
标准书号：ISBN 978-7-206-19684-3
版　　次：2023年1月第1版　　　印　　次：2023年1月第1次印刷
定　　价：50.00元

如发现印装质量问题，影响阅读，请与出版社联系调换。

目 录

第一章 大学英语教学核心概念界定及发展现状 ………………… 1

 第一节 大学英语核心特性概述 ………………………………… 2

 第二节 大学英语教学现状 ……………………………………… 7

第二章 大学英语教育的基本内容及困境研究 …………………… 25

 第一节 大学英语课程教学要求及教学模式 ………………… 26

 第二节 大学英语教育生态系统的组成结构及困境解析 …… 36

 第三节 大学英语教育的发展现状及对策研究 ……………… 45

第三章 大学英语跨文化教学中的问题及对策 …………………… 51

 第一节 大学英语教学与跨文化交际 ………………………… 52

 第二节 大学英语跨文化教学中的问题及对策探讨 ………… 59

 第三节 大学英语跨文化教学能力培养及策略运用 ………… 71

第四章 大学英语教学的未来发展方向研究 ……………………… 89

 第一节 互联网时代下大学英语教育发展概述 ……………… 90

第二节　大学英语教育改革的目的及理念 …………………………… 107

第三节　基于以人为本理念的大学英语教育改革 …………………… 112

参考文献 ………………………………………………………………… 122

第一章 大学英语教学核心概念界定及发展现状

第一节　大学英语核心特性概述

"大学英语"是指由教育部先后通过的《大学英语教学大纲》和《大学英语课程教学要求》等指导性文件予以规定、规范和规约的一门公共必修课。大学英语也是大学外语课程最主要的学科内容，是我国高等学校非英语专业学生的一门公共必修课。

从课程性质上来看，大学英语是兼具工具性和人文性的公共基础必修课程，它的教学对象主要是全国普通高校非英语专业的一、二年级的本科学生，并不包括高职院校及研究生阶段的学生。从大学英语实施主体来看，课程都是由各高校外国语学院或者公共课部的大学英语教师负责。课程内容主要包括基础语言知识、基础语言技能及跨文化交际和学习策略等。

大学英语课程建立的目的就是培养学生的英语综合运用能力，同时，通过课堂上师生互动的教学手段及学生自主的课外学习或其他实践活动来达到提升英语水平能力的目的。为了自检自测，以及方便教师更加清晰地了解学生的大学英语学习情况，学校会通过平时测验考试，期末测验，大学英语四、六级考试等方式进行核验。

大学英语自身附带信息保存及沟通交流工具的属性，因而可将大学英语定义为一门语言类课程。语言是人类极有力量的工具，作为思想交流的媒介，它让世界信息相互联通，这在国际上，必然会对各国的政治、经济乃至文化本身产生影响。这种与时代更迭的文化现象也赋予了大学英语人物属性，《大学英语课程教学要求》明确指出大学英语课程"兼具工具性和人文性"，同时，英语课程还具有基础性和公共性。

一、工具性

1. 大学英语为学生提供了交际工具

人与人在沟通交流时，最快捷也是最准确的表达方式就是借助语言工具。大学英语的学习及应用，能够让学生快速获取、储存、转换、表达信息，尽管肢体语言是世界通用语言，但它也并不能完全传达出表达的含义和情感，只能作为人们运用语言交际的辅助手段，其功能和使用频率相对局限。可以说，在中外合作的交流过程中，语言是不可或缺的，是能够充分交流思想的交际工具。

2. 大学英语是学生进行理性思维的认知工具

爱因斯坦说过："一个人的智力发展和他形成概念的方法在很大的程度上是取决于语言的。"日本心理学家坂本一郎的研究也证明了这一点。他的研究表明：一个人所掌握的词汇量，同他的智力商数成正比。他对一部分大学生进行了词汇考试，发现得分在70分以上的学生，大多数成绩中等至优良；得分35至70分的学生成绩中等；得分35分以下的学生在学习当中困难重重。

大学英语教育的目的是培养学生听说读写的能力。思想能力的核心是思维，语言学习的过程也是思维训练的过程。大学英语学习不仅给学生们提供了一种新的思维方式，还提供给了学生们一种新的认知视角，所以说大学英语是学生进行理性思维的认知工具。

3. 英语是文化交流的工具

在世界文化融合发展的现代，英语可以帮助学生们更好地了解和学习西方先进文化，并以英语交流的方式将中国的文化宣扬出去。对于大学生而言，多学一门语言，就等于多了无数条通路，掌握了英语，他们可以同来自英语国家的从业者进行深入的学术交流，在国内外开拓自己的职业生涯，所以说，英语也是文化交流的工具。

二、人文性

人文是一个动态的概念，指的是人类文化中的先进的、科学的、优秀的、健康的部分，从广义上来讲，泛指文化，从狭义上来讲专指哲学，特别是美学。那什么是人文性呢？人文性是强调语言学习的过程，既要实现学生自我成长，也要激发学生创造力和生命力。"人文性"着眼于语言课程对于学生思想感情的熏陶感染功能和课程的人文学科的特点。

语言的人文性与工具性是密不可分的。欣赏一幅国外画作、了解异国的人文风情，我们在学习世界文化的过程中，自然而然地要使用语言这个工具。大学英语教育是为了让学生们在面对异国文化时学会用辩证的眼光，用批判的态度来看待。语言是帮助我们了解差异性的工具，而不是让我们思想趋同。大学英语教学的目的是让中国学生能够用熟练的英语介绍我们中华传统文化瑰宝，传播东方文明。

大学生是中国未来的领航人，受过大学英语教育的学生们更应当肩负起向世界展示中国文化的艰巨任务，这是他们的职责与使命。为了提升我国的文化软实力，他们需要向世界宣传中国的文明与进步。大学英语教育的工具性与人文性的统一，必须寓教于文，语言教育不应只注重内容和形式，而忽略了语言本身所载负的人文、思想及情感内涵，这就要求大学英语教师应当在理解、感受语言差异性的同时接受本国文化，在英语教学中体现出个人的教学特色。

三、"大学英语""公共英语""专业英语"的概念区分

大学英语教育在高等教育中的基础性作用是有目共睹的，所有学习研究的基础都是语言。换句话来说，语言是思维的工具，而思维又是创新的基础，由此可见大学英语教育的重要性。除此之外，大学英语的授课对象仅限于非英语专业的学生，它是一门公共课，其公共性也是显而易见的。但在日常的教学中，很多时候正是因为大学英语的公共性属性，许多教师及学生就忽视了大学英语本身的基础性作用，这是绝对错误的思想。

这里需要明确一点，"大学英语"不等同于"公共英语"。其实，在1949—1985年大学英语的前身就是公共英语。"大学英语"一词首次出现于1985年全国第一次统一的《大学英语教学大纲》中。次年，我国首次实施了大学英语四级考试，1989年1月大学英语六

级考试开始实施,此后"公共英语"一词才逐渐淡出人们视野。尽管公共英语算得上是大学英语的"老祖宗",可这两个词语是有着明显的差异性的。相比于"公共英语","大学英语"的定义更加严谨,主要指面向大学普通本科生开设的公共英语课,而"公共英语"则涵盖了本科生公共英语及研究生公共英语。另外,从授课内容来讲,"大学英语"相比于"公共英语"更具包容性,更能适应该学科的差异和特色,这也为大学教育的多元化发展留下了浓墨重彩的一笔。

除了"大学英语""公共英语"外,我们还听过一个名词"专业英语",那"大学英语"与"专业英语"的差异性主要体现在哪里呢?

从字面意思上来看,"专业英语"针对的是英语专业的学生,"大学英语"则面对非英语专业的大学生。其实"专业英语"并不是一门学科,其课程被分解成了"综合英语""英语阅读""阅读听说"等。"专业英语"只是一个代号,指代的是与英语专业学生所学习科目内容相关的英语课程。英语专业的学生可以通过"专业英语"的课程学习,达到熟练掌握英语词汇及英语表达方式,能够进行专业学术英文写作及专业学术交流和研究的目的。

从授课内容上来讲,专业英语更加具有针对性,课程难度系数也更大。大学英语的侧重点在培养学生的语言能力,让大学学习课程更加多元化,对学生在英语的专业层面的要求不高。在考核方面,大学英语较多采用水平测试以考察学生的英语语言知识掌握情况及应用能力,而专业英语的考核形式相对灵活,语言能力的考核居于次要地位,其专业知识的掌握才是考核内容的核心。

第二节　大学英语教学现状

一、《大学英语教学指南》要点解读

2013年8月4日,受教育部委托,教指委主任委员、副主任委员(英语)、秘书长在浙江大学召开了关于《教学指南》研制工作的启动会。通过大规模的调研、采集数据,会议组摸清当前教学情况,从规避教学弊端等多方面考量,对58所不同类型高校的4908名一年级新生进行了英语水平测试,收集了201所高校的开课计划,最终于2015年3月28日,在武汉召开了"高等学校大学英语教学改革与发展学术研讨会",并在会议上征求了900多名与会代表的意见及建议,会后又根据反馈进一步修订和完善了《教学指南》。

1. 英语教学的四大原则

(1)科学性原则

为全面贯彻党的教育方针,依照语言教育教学规律,辩证地、科

学地对教学标准制定总体设计。《大学英语教学指南》要求必须准确定位教学目标，明确内涵，合理构建课程体系，体现高等教育特点，加强与中学英语教学的衔接，增进与各学科专业教学的结合。从未来发展来看，《大学英语教学指南》要求在教学中注重在保留传统内容的基础上进行创新和突破。

（2）多样性原则

截止2020年6月30日，中国全国高等学校共计3005所，其中普通高等学校2740所，含本科院校1272所、高职（专科）院校1468所，成人高等学校265所。我国国土面积辽阔，各省市地区的高等院校发展并不同步，学生入学水平及人才培养规格和目标都存在着较大差异，所以不可采用"一刀切"的方式提出大学英语的教学要求。为了避免"千校一面"的同质化发展，《大学英语教学指南》体现出多样性、差异性和灵活性，为各省市高等院校提供多种教学选择，鼓励各校创造出属于自己的教学特色，给予高校办学的自主权。

（3）针对性原则

《大学英语教学指南》是专为非英语专业的大学生们量身定制的教育教学方针，充分考虑学生的实际英语水平和需求，对教学管理体制、教学条件现状，以及在教学中可能出现的弊端，均提出了有效的解决方案。《大学英语教学指南》的确立，体现了教学目标和教学要求的适切性、教学内容的导向性和教学方法的有效性，更结合了中国特色，从中国的国情出发，体现了以人为本的教学理念。

（4）时代性原则

现如今，随着科技的进步，我国与世界接轨，大学英语教育也不再裹足不前。《大学英语教学指南》在取其精华，去其糟粕的基础上，借鉴了过去成功的经验和做法，同时也剔除了原有教育体制中不合理的部分，对教学方针进行了整体性的优化。该《教学指南》将时刻关注英语教育改革理论与实践的最新发展，提出了与时代发展相称的目标和要求，及时吸纳新思想、新知识、新方法，与时俱进，更加适应现代高等教育新形势的需要。

除此之外，从课程价值上来讲，大学英语课程学习的目的有了质的转变。可以说从1987年改革开放再到如今中国繁荣昌盛，国家崛起，我们经历了无数的困难，但中国还是用行动展现了我们大国的风采，我们从世界的边缘走到了世界舞台的中心，成为最耀眼的新星。英语作为英美文化的重要组成部分及载体，更是国际交往和科技、文化交流的工具。最初，我国设立英语科目，是为了学习国外的先进技术，现如今，我们学习英语的目的也由学习他人转变为宣传自己，让当代大学生们使用外语传播我们中国的思想、学术及文化。

2. 英语教学的必要性

通过学习和使用英语，可以直接了解国外前沿的科技进展、管理经验和思想理念，学习和了解世界优秀的文化和文明，同时也有助于增强国家语言实力，传播中华文化，促进与各国人民的广泛交往，提升国家软实力。

关于英语教学的必要性，学术界颇有争议，有些人认为：如今网络技术和翻译技术日益发达，我们完全可以依靠人工智能来完成两国之间的交流。可事实上，除了语言上的翻译外，一句话不同的情绪表达都有着不同的含义，无论再精进的翻译软件也不能完全准确地辨别出对方说话时的情感，不能够统观全面地分析问题。假设在沟通和理解这关都过不去，又谈何吸纳和创新呢？因而《国家中长期教育改革和发展规划纲要（2010—2020年）》提出，要培养大批具有国际视野、通晓国际规则、能够参与国际事务和国际竞争的国际化人才。

由此可见，成为国际化人才的基本条件就是要熟练地掌握英语，而国际化人才的成长必定会经历高等教育这一关。可以说，大学英语课程对中国参与全球治理、成为有担当的大国和未来发展具有重要意义。

3. 英语教学的创新性

从教学目标上来看，最新拟定的《大学英语教学指南》摒弃了原有《大学英语课程教学要求》对听说能力的特别要求。这是因为，我国大力推行英语教育已经有了一定的时间积累与沉淀，重视听说的教学理念已被广泛普及，所以即便不强调，教师们也会自觉加入教学行动中。另外，基础教育十年课程改革已初见成效，学生们的听说能力从小学时期就开始历练了，到了大学已经有了明显的提高。相较于听说能力，当前大学英语教育欠缺对学生们现实需要的关注，应当将学生需求落实到国家、社会、学校和个人发展这四大领域。大学英语教学应当以英语的实际使用为导向，以培养学生的英语应用能力为重点。

从课程体系上来看，大学英语教学的主要内容可分为通用英语、专门用途英语和跨文化交际三个部分，由此形成相应的三大类课程。《大学英语教学指南》既传承了《课程要求》，在保持校本教材大方向不变的基础上，又对课程体系提出了更加全面具体的要求，并对课程内涵、特点、级别、教学安排等都以单独小节的形式给予了新的诠释。

就以专门用途英语这类课程来说,该课程的设立是为了增强学生运用英语进行专业的学术交流,以及为日后从事英语相关专业的工作奠定基础。专门用途英语具体类目包括:学术英语(通用学术英语、专门学术英语)和职业英语两类课程。课程将学科内容与语言教学相融合,着眼于解决学生在学习学科知识的过程中可能遇到的各类语言问题,教学重点也放在了培养与专业相关的英语能力上。为了凸显大学英语的工具性特征,《大学英语教学指南》中明确指出应当根据各高校人才培养规格的不同,从实际需求的角度出发,开设能够体现学校特色的专门用途英语课程,可供学生们自主选择,还可以在通用英语课程中融入学术英语和职业英语的内容。

面对全球化的挑战,大学英语教学除了重视培养学生的英语技能外,更要重视学生世界观、价值观的培养,这也要求当代大学生应当具有高瞻远瞩的国际视野、跨文化语言沟通能力,可以发挥语言的优势去引领团队,传播中国文化。大学英语教育不是"工具人"教育,而是要更加人文化,更具灵活性和开放性,避免大学英语课程体系成为固化、封闭的系统。

从教学方法及手段来讲,教学方法是教师将英语知识传授给学生的主要途径,也是为了实现教学目标,完成教学任务而采取的主要手段。为了保证教学质量及学习质量,教学方法还要求了教师教课方式与学生学习方式的协调统一。为了凸显教学方法在大学英语教育中的重要性,《大学英语教学指南》首次设立了单独小节对教学方法进行界定和说明,强调教师应当与时俱进,不断提高使用信息技术的意识和能力,在课堂教学设计上推陈出新,鼓励教师建设和使用微课、视频课程等多媒体方式，利用网络平台上的优质教学资源和内容，让课堂教学更加个性化、趣味化。

最后，从教师发展的角度来讲，大学英语教师教学任务繁重，科研成果相对较少，因此《大学英语教学指南》中强调教师的发展需要学校和院系的支持与政策保障。各高校应当将提高大学英语教师师德水准并将教学技能提上日程，重视队伍建设，优化教师结构，从整体上增强大学英语教师的个人实力及竞争力。除了院系和相关政策的扶持，大学英语教育的发展也离不开教师个人的努力，对此，《大学英语教学指南》对大学英语教师还提出了"三个主动适应"的要求：

第一，主动适应高等教育发展的新形势。

第二，主动适应大学英语课程体系的新要求。

第三，主动适应信息化环境下大学英语教学发展的需要。

教师想要提高自身教学能力，首先就一定要先丰富自我的知识建设，增强学科专业理论的能力，能够针对不同的教学情况，做出最优的教学方法及手段调整。其次，要想在大学英语教学中推陈出新，教师应转变传统教学观念，积极主动地参与到教学研究和改革当中去，做到教学相长、教研相长，在学校和同事的支持与激励下实现团队的共同发展和个人的自我价值。

二、大学英语教学评估现状

长期以来，我国大学英语教学存在着重知识传授、轻能力培养的现象，教学评估体系则将考试作为学习的终极目标，这使考试等同于评价，从而导致过分依赖终结性评价结果，忽视形成性评价的作用；

过分突出甄别、选拔与评价的功能，缺乏改进和激励的功能；评估手段单一，评估方法也很少涉及对学生的评价性、创造性思维能力的评价，几乎没有涉及情感、态度、学习策略、跨文化交际及其他智能因素，这都制约了大学英语教学的进一步发展。

1. 教学目标难以实现

《大学英语课程教学要求》明确指出，大学英语的教学目标是培养学生的英语综合应用能力，而运用单一的考试无法全面地考核学生的语言实际应用能力，更不能对外语教学提供客观、准确的评估。这种单一的测试评估方式只会使教师和学生更加注重语言知识的学习而忽视了语言运用能力的培养，造成"教学围绕考试转"的局面，从而导致教学目标难以实现，学生的自主创新能力不强，使我们的外语教学不能适应新形势下对人才的需要。

2. 测试评估手段单一

现行评估体系中，笔试是最重要的评估方式，无论各高校的期中、期末考试，还是全国范围内进行的大学英语四、六级考试，都采用笔试的形式。大学英语是一门独特的学科，所要培养的是学生的英语交际能力，而这种能力难以通过单一的纸笔测验来检测。因此，依赖单一的评估方式会造成评估目的和教学培养目标之间的脱节，很难全面真实地反映大学英语教学取得的成果和存在的问题，评估的尺度难以充分体现，更难以对学生的英语学习过程进行检查和调控。

3. 教学和测试相互制约

大学英语教学是以英语语言知识与应用技能、学习策略和跨文化交际为主要内容，并集多种教学模式和教学手段为一体的教学体系。而我国的大学英语教学，目前仍然停留在单一的、以测试结果为最终目标的应试教育模式上，大学英语四、六级考试作为高校在校大学生的英语水平测试，形式虽有改革，但本质仍然重信度、轻效度。

4. 忽略学生学习过程

把考试作为主要的或唯一的评估手段无法反映学生的动态学习过程，如课堂行为、学习态度、学习习惯、风格及学习策略、自主创新学习能力等，也不能反映学生在学习过程中所取得的进步和体验。它的弊端尤其在《大学英语课程教学要求》所倡导的"以学生自主学习为特点的多媒体教学"中表现突出，如无法对学生的课堂和课堂外的学习活动、计算机或网上自学等学习过程进行跟踪观察、评估和监督。这种只注重结果而忽略过程的评估方式会遗漏很多重要信息，因而不能对外语教学做出全面的、客观的、科学的评价。

随着教学改革的深入，大学英语教学评估体系要适应新的教学和评估理念的要求，转变评价观念，明确评价目的和内容，灵活运用多样化的评价方法，突出评价方式的"质"性，强调评价情景的真实性，关注评价条件的支持性，注重评价进程的动态性。

三、大学英语教学评估的内容和标准

1. 大学英语教学评估体系及学习策略

大学英语教学的培养目标决定了其评估内容,也就是评估学生的英语综合应用能力,特别是听说能力。在增强学生自主学习能力,提高综合文化素质的同时,其在今后的工作及社会交往中,能够流畅地运用英语进行口头和书面信息的交流,这也是为了迎合我国经济发展和国际交流的需要。

大学英语评估体系主要从以下三方面对学生进行评估:

第一,语言综合运用能力。

语言综合运用能力可分解为听、说、读、写、译五种技能,每一种技能又可细化为多种微技能。

在应试教育的大环境下,由于受到传统思想的束缚与影响,很多英语教师都把教学重点放在了对于语言材料和语言知识的理解上,笔试答题的重视程度要远高于口语运用。这种教学方式侧重于语音、语法及词汇的运用,填鸭式的语言知识灌输,迫使学生们被动吸收,将大学英语学习的目标放在了通过英语四级和六级考试上,而忽略了自身的语言综合运用能力。

要知道英语课堂教学改革的关键就是"学生主体"思想的落实和教与学双边活动的开展,实现英语课堂教学交际化。学校应当利用课内课外培养学生的主体意识和学习能力,教师是引导者更是助学者,是创造条件让学生汲取知识的设计师。在近年来的大学英语教育的教学方法的探究中,重视学生主体思想已基本趋向一致,如:暗示法(suggestive teaching method)、沉默法(the silent way)、咨询法

（the counseling learning），综合习得法（integrated acquisition-learning approach）等。

除了在课堂上树立学生的主体意识外，大学英语教师们更要在课内外采用多种办法，比如开展各种别开生面的英语课外活动、英语演讲比赛、英语作文比赛、英语辩论赛等，巩固和强化学生在课堂上学习的刻板知识，寓教于乐，将所学活用在日常生活中，做到真正的学以致用。要想让学生们做到上课专心、用心，真正实现传授的最大化价值，就一定要在课堂教学中添加创新点、趣味点，教师可以采用提问、讨论，甚至是角色扮演等方式，让学生融入课堂，实时互动。

外语学习是学生自身的学习，更是锻炼自身听、说、读、写、译等技能的学习，可是在中国，大学生们很少能在日常生活中寻得"用武之地"，要想锻炼口语能力，就只能依靠自主学习意识。对此，教师可以在课堂上讲述几则英语趣味笑话或者寓言故事，让学生们复述，或者根据故事内容进行提问，这样既锻炼了学生的口语和听力，还增加了课堂的趣味性。

语言学习的成功与否取决于学习者本身，取决于学习者自身的因素及其充分利用学习机会的各种能力。要想提高自身的语言综合运用能力，除了教师帮助选择合适的学习材料和学习方法外，更多的还要依靠学生的自主学习能力。在日常生活中，通过自己特定的方式进行自检自测，找出目前学习阶段的难点及缺陷，再结合自己所长，如语言模仿能力、视觉信息、听觉信息接收处理能力等，吸收先进的学习方法，选择适合自己的学习方法。

第二，学习方法、步骤和学习策略的掌握情况。

此项评估重点评价学生的观察能力、提问能力、做出猜想与假设的能力、收集信息和处理信息的能力、合作与交流的能力等。

这里着重介绍一点,如何提高学生搜集和筛选信息的能力。在信息发达的当今社会,五花八门的信息通过网络媒体传播向世界各地,如何从众多的信息中筛选出对自己有用的信息是当代大学生所必备的一项重要的基本能力。从教育教学的角度来说,学生汲取知识的过程就是一个收集、处理信息的过程,即收集信息→筛选信息→处理信息→得出答案。

在教学中培养学生收集信息的方法有以下几种:

(1)直接观察法:通过课堂上教师展示的教学材料及大学英语教育课堂教案,让学生们通过直观展示的方式进行了解认知。

(2)书报查阅法:顾名思义,依靠报刊、图书来搜集信息。

(3)多媒体查询法:可使用电视、录像、电子读物等现代教育手段的多媒体查阅法。

(4)网络查询法:随着网络技术的普及,学生们查阅资料的工具也从纸媒转变到了网络媒体,学生们可以通过网络收集需要的学习资料。

在英语教师评估此项的过程中,应将形成性评价与终结性评价有机结合起来,客观地记录学生参加了哪些活动、投入的程度如何、在活动中有什么表现和进步等情况,对学生在学习过程中所经由的途径、采用的方法进行比较综合,然后得出评价结论。

第三,适应英语学习的社会情感养成情况。

尽管我国英语教学从幼儿阶段就已经开始了,但还有部分学生对于学习英语是缺乏自信的,甚至产生了一种学习的焦虑心理。大学英语教学并不只在课堂,教师应当聆听学生们的想法,拉近与学生之间的距离,从各个方面帮助学生提高认识,减轻学生对英语学习的恐惧心理。在教育教学的过程中，灵活应变，尽力为学生营造出一种安全和谐的氛围，缓解学习压力，从而消除学生对于英语学习的焦虑。

除了在心理层面转变学生的学习态度外，教师在大学英语教学的过程中经常能碰见这样的情况：学生有学习热忱，认真听讲，能够有较好的英语学习自主性，但英语成绩一直上不来。这就是由错误的学习策略造成的，陶行知先生曾说："我认为好的学生不是教书，而是教学生，乃是教学生会学。"没错，教师的职责并不只是"传道授业解惑"，更是掌舵者、引导者。在英语教学的过程中锻炼学生信息加工储备的能力，引导学生不断反思调控自己的英语认知过程。只有尽可能让学生们掌握更多的学习方法和学习技能，才能查缺补漏，弥补学生在英语学习中的缺陷。

教师教会学生学习方法的主要途径是充分利用教材进行课堂教学，可粗略概括为以下几点：

（1）归纳指导法

大学生已具备相当的逻辑思维能力，这就使得他们在语言学习过程中语言认识系统化成为可能。使用归纳法是完全符合大学生的心理特点和认知规律的，教师可让学生反复接触某一语言现象，使学生形成初步的感情认识，然后引导学生加以归纳。

（2）对比指导法

教学中教师除及时点拨、引导学生发现语言规律外，对一些形似却意义不同的语言点，教师可引导学生进行对照比较，弄清它们的区别，加深对语言现象的印象。

（3）解答说理法

教师提出一种语言现象、一个问题，让学生分析这种现象，寻求正确答案,并说出选相应答案的理由,这是培养学生思维能力的一种手段。

(4)启迪思维法

要培养学生的创造思维品质、创造的方法与才能,只让学生打钩、划叉,寻求标准答案是不行的。创造的火花多产生于求异之中,产生于发散思维之中。这种创造品质需要多角度思维的训练去获得。

(5)讨论活动法

讨论活动法可用于解决学生对语言现象的疑问、对课文的理解,也可用于对语言现象的深化、理解上。学生在讨论活动中互相启发、互相学习,可不断提高语言活动的质量。

在评估学生适应英语学习的社会感情养成情况时,不能像知识与技能一样直接进行,只能通过一些可观察的指标间接地推断和度量。因此教师应当通过观察、记录学生在学习中的表现来了解学生在情感态度与价值观等方面的现状和进步。

2. 大学英语教学评估方法

在社会信息化和经济全球化的大环境下,英语作为一种国际性语言,不仅是人们交流沟通的工具,更重要的是它是国际竞争的"武器"。所以,培养大批量高质量英语人才已是我国高等教育的当务之急。目前而言,高效的课堂评价体系已经比较成熟,各高校每学期都会从学生评价、督导评价、领导评价和同行评价四个方面对教师的课堂教学进行全面的评估。

为了保证评估的公平公正,评估时要考虑效度、信度、可行性和积极的反拨作用等标准。

大学英语教学评估可分为以下几种方式：

（1）形成性评估

由平时成绩（占20%，包括考勤、在线作业、课堂表现、单词测验、作文评分等）、网络考试（占20%，每学期3次）和口语考试（占10%）3部分组成。

（2）终结性评估

以期末考试成绩（占50%）为衡量标准。随着学期发展，形成性评估在总成绩所占的比重逐步提高，以强化学生平时学习的管理和监督。在终结性评估中严格考试管理，摒弃了纸质阅卷，全面实行网络阅卷，实现了教学管理的科学化和规范化。

（3）辅助性评估

要求学生参加全国大学英语四、六级的笔试和口语考试；创造条件鼓励学生参加国际、国内和地区的各种类型的英语竞赛和英语活动，并辅之以奖励措施。

（4）激励口语考试

为全面提高学生的英语听说能力，每年进行一次校内英语口语考试，面向已经通过大学英语四级、六级考试的在校本科生。对达到优秀的学生颁发"口语考试证书"，优秀率控制在15%，证书和学生在校期间的奖学金评定、研究生推免等直接挂钩。

教学评估的目的是检查和促进教与学，及时地将教育信息用书面文字的形式提供给教师和学生，针对教学中存在的弊端和缺陷，教师可根据评估结果及时地调整其教学方法，学生也可以根据成绩，找到一种最适合自己的学习方法，提高学习效率。这里主要强调一下对教学过程的评估，很多人一听"教学过程"就理所当然地将其划分到了大学英语教师的责任领域范畴，但事实上，教学过程的评估是要从教师、学生、教师自我、教学效果这四方面入手，从不同角度分析英语课堂的教学效果，并提出科学有效的解决对策。

首先说对教师的评估。教学评价是针对教师在教学上的表现作出价值判断和决定的历程。其目的在于了解教学表现的优劣得失及其原因，从而协助教师改进教学方式作为相关人事决定的依据。针对教师教学效果的评估，学校通常可以通过学校教学督导专员的听课、评课、对教师的教案准备、课件设计、教学过程、教学方法、课堂学习氛围、学生的学习兴趣引导及学生对教学的理解和接受程度等进行。随着技术的不断发展，学生对于英语教师的课程设定要求也日益提高，教师要不断地推陈出新，集结网络教学的精髓，不断深化对教学内容、教学资源的整合，提高自身的知识储备量。

评估大学英语教学的主要出发点在于是否利于学生的学习；是否为学生们营造出一种适宜学习的氛围；是否有利于提高学生自主学习的动力及学习兴趣的提高；是否对学生未来的发展产生积极的引导作用。简单来说，对教师的评价标准是围绕着学生的"学"的，因为学生的受教程度最能直观地反映出教师的教学成果。这种以学评教的教学评价强调学生在课堂上的学习状态，评价课堂教学质量，从课堂学生认知、思维、情感变化观察其参与、互动、思维、接受状态，有效评价教学质量的优劣，更能展现教师教的真实效果。

其次，对学生学习的评估。对学生学习状况的评估实则是对教师教学成果的评估，可以采取教务对学生的评估；学生之间的互相评估；学生自我评估等方式。通过课堂活动的记录、学习考试和能力水平测试记录、访谈等，对学生学习过程进行观察、评估和监督。这种过程性评估在实行以学生自主学习为特色的教学中尤为重要，更清晰、更具针对性。以知识和技能为核心，重点考查学生知识的掌握情况与技能的熟练程度。通过考试可以形成对学生学习成绩的评价依据，通过考试后的评估总结和回顾，展示学生的学习掌握程度和理解发挥能力，这种教学评价用于定量评估学生接受知识的程度，从而对教学过程和教学结果做出综合评价。

再次，教师的自我评估。教师在教学课程中需要阶段性地反思总结自己的教学成果，对于教学中出现的漏洞和弊端要及时分析、及时调整。学生学习需要自主性，教师授课也同样需要自主性，教师职业的专业化程度是与教师自我评价意识和能力成正比的，只有教师转变思想，从被动地接受检查到主动有意识地自检自查，进行教学反思，才能体现我国教育的进步。教师只有树立了良好的自我评估意识，才能够推动我国教育事业的良性发展。教学实践是检验教学设计优劣的标准，教师课前的备课更是极为重要的。在课件的制作上，教师首先考虑如何利用信息技术的优势让学生更加自主、愉快地完成教学目标。每节课后，教师都应针对当堂课程的授课情况进行反思、总结，是否有哪些知识点推进进度过慢、细节讲解没有尽善尽美等。只有客观评析教案，对教学方法创新，灵活转变课堂模式，才能提高自己的综合教学能力。

最后，教学效果的评估。学习英语我们注重的是"学"的过程，重视不断完善提高自身质素的阶段，但也同样不能忽视了"结果"的重要性。教师通过多途径、有效的评估体系的实践，摸索出更适用于当代大学生的教育方法，学生们在教师的带动下，提高自主学习的积极性，积极参加各类英语竞赛，取得相应名次。虽然这些成绩算不上丰功伟绩，但也是教师和学生共同努力的成果，更是教学评估实践的成果。

教学是培养创新精神和实践能力的主渠道，经过不断反思评估、开拓进取，不断调控、修正、完善，能不断提高教育质量和效率并促进学校健康发展。总之，建立动态评估体系，科学地对教学进行评估，不但必要而且可行，教、学、评都是教学过程不可或缺的重要组成部分。

第二章
大学英语教育的基本内容及困境研究

第一节　大学英语课程教学要求及教学模式

一、大学英语课程结构

1. 教学性质

大学英语服务于高等学校非英语专业本科生，是整体大学教育的一个有机组成部分，大学英语作为大学生的一门必修的公共基础课程，其位置与"思想教育""大学语文""大学数学"等并列。大学英语以语言知识与技能、学习策略和跨文化交际为主要教学内容，包括独立的英语课程、与学生所学专业相结合的专业英语课程及相关的第二课堂活动等。大学英语帮助学生掌握英语这一语言交际工具，同时还与学生们的国际意识和文化素质的培养有密切的联系。因此，大学英语也是一门提高学生综合人文素养的重要课程。

自 2002 年教育部启动了新一轮的大学英语教学改革后，至今已过去了 20 年，大学英语的教育性质就是对大学英语教育的属性定位，在理论与实践的研究领域，教育界一般用大学英语教学来代替大学英语教育。而对于大学英语教学性质的审视，主要有以下几种类别：

（1）"通用英语说"

大学英语教育属于综合性的英语教育，其目的是有效地培养学生的跨文化交际能力、与人合作能力及认知能力，并不是简单的且带有特殊目的性的英语训练，这也是"通用英语说"的核心所在。大学英语作为当代大学生的必修课程，需要以英语教学理论为指导，以学习策略、跨文化交际、英语语言知识与应用技巧为基础，同时融合多种教学手段与教学模式。

（2）"专用英语说"

首先需要明确一点，通用英语与专用英语是两个相对的概念，支持"专用英语说"的学者认为，从当前中国的英语教育大环境来看，目前大、中、小学的英语教育呈现出了脱节的状态，并且大学英语的课程设置与高中英语的课程设置不尽相同。因此，应当将大学英语定位为专用英语，所有的英语基础教育课程应当在高中阶段完成，大学英语课程应当以学术英语为主，这也是为国家培养专业英语人才的重要举措。

（3）"通用英语与专用英语结合说"

为了调和上述两者之间的矛盾，有学者提出，将通用英语与专业英语相结合进行论述。各个高校根据自身的教育实际，按照本校的大学英语教学目标和具体课程要求来构建大学英语课程体系，将语言应用类和语言技能类等相关必修课程与选修课程相结合。这就是通用英语与专用英语相结合的说法。

2. 教学目标

大学英语的教学目标是培养学生的英语综合应用能力，特别是听说能力，使他们在今后学习、工作和社会交往中能用英语有效地进行交际，同时增强其自主学习能力，提高综合文化素养，以适应我国社会发展和国际交流的需要。具体一点来说，学生经过大学英语课程的学习，能够使用英语进行一般的交际沟通；基本能够听懂英语新闻（如中央广播电视总台英语频道CCTV9）广播电视节目、一般性题材的英语讲座和本专业的课程；能够阅读一般性题材的英文书籍和报刊文章，借助工具书读懂专业资料；能够用英文写短文、对熟悉题材的简短文章进行翻译。目前，相关学者针对大学英语教学目标的审视主要可分为以下三个方面：

（1）建立大学英语教育目标体系

为了实现上述教学目标，《大学英语课程教学要求》针对教学大纲的拟定，提出了科学性、系统性和个性化的三点要求。

科学性要求学校的教学大纲应建立在"需求分析"与"条件分析"的基础上，采用的教学模式、教学手段、教学评估和教学管理符合语言教学规律，体现先进的教学思想，并做到切实可行。

系统性是指教学大纲应包含"教学目的""教学安排""教学评估""教学管理"等内容。

个性化是指教学大纲应充分考虑到学校的个性和学科的个性，同时为学生的个性和教师的个性提供空间。

（2）构建大学英语教育目标内容

大学英语教育目标的制定与学者对大学英语教育性质的理解和认知息息相关，不同高校、不同时期，甚至是不同学科之间对于大学英语教育目标内容的界定都会有所区别。目前可将观点分为以下三种：

第一，将大学英语的教育目标界定为：能够培养学生的英语综合运用能力，特别是提高学生的听说能力，使学生能够将英语技能广泛应用于今后的学习和人际交往中。

第二，基于"专业英语说"的理念，主张对大学英语课程的制定更加专业化。

第三，基于"通用英语与专用英语结合说"，认为大学英语教育的目的是培养学生的综合素养，提高学生英语学习的听、说、读、写、译等能力。

（3）有关大学英语教育目标的其他方面

还有的学者针对大学英语教育目标体系与相应的内容目标管理模式进行了系统化的研究，并提出各高校可以运用目标管理模式来有效促进英语教育目标的实现。

3. 层次要求

尽管英语教学在我国已绵延了百余年，但目前国内大学英语教育的水平仍处于不平衡阶段，各地区、学校的师资力量、生源状况和教学资源都存在明显的差别。为了贯彻因材施教的原则，《大学英语课程教学要求》对全国大学生英语水平标准也提出了不同层次的要求，主要可分为一般要求、较高要求、更高要求三个等级。

一般要求是高等学校非英语专业本科毕业生应达到的基本要求，较高要求或更高要求是为有条件的学校根据自己的办学定位、类型和人才培养目标所选择的标准而推荐的。各高等学校应根据本校实际情况确定教学目标，并创造条件，使那些英语起点水平较高、学有余力的学生能够达到较高要求或更高要求。接下来，我们具体看一下各层次要求的详细内容。

（1）一般要求

听力理解能力：能听懂语速较慢，每分钟130词左右的英语广播和电视节目，能掌握其中心大意，抓住要点。

阅读理解能力：能就阅读材料进行略读和寻读。能借助词典阅读本专业的英语教材和题材熟悉的英文报刊文章，掌握中心大意，理解主要事实和有关细节。

书面表达能力：能在半小时内就一般性话题或提纲写出120词的短文，内容基本完整，中心思想明确，用词恰当，语意连贯。能掌握基本的写作技能。

翻译能力：英汉译速为每小时300个英语单词，汉英译速为每小时250个汉字。译文基本准确，无重大的理解和语言表达错误。

推荐词汇量：掌握的词汇量应达到约4500个单词和700个词组（含中学应掌握的词汇）。

（2）较高要求

听力理解能力：能听懂英语谈话和讲座，能基本听懂题材熟悉、篇幅较长的英语广播和电视节目，语速为每分钟150词，能掌握其中心大意，抓住要点和相关细节。能基本听懂用英语讲授的专业课程。

阅读理解能力：能基本读懂英语国家大众性报纸杂志上一般性题材的文章，阅读速度为每分钟70词。

书面表达能力：能在半小时内写出160词的短文，内容完整，观点明确，条理清楚，语句通顺。

翻译能力：能摘译所学专业的英语文献资料，能借助词典翻译英语国家大众性报刊上题材熟悉的文章，英汉译速为每小时约 350 个英语单词，汉英译速为每小时约 300 个汉字。

推荐词汇量：掌握的词汇量应达到约 5500 个单词。

（3）更高要求

听力理解能力：能基本听懂英语国家的广播电视节目，掌握其中心大意，抓住要点。能听懂英语国家人士正常语速的谈话。能听懂用英语讲授的专业课程和英语讲座。

阅读理解能力：能读懂有一定难度的文章，理解其主旨大意及细节，能阅读国外英语报纸杂志上的文章，能比较顺利地阅读所学专业的英语文献和资料。

书面表达能力：能用英语撰写所学专业的简短的报告和论文，能以书面形式比较自如地表达个人的观点，能在半小时内写出 200 词的说明文或议论文，思想表达清楚，内容丰富，文章结构清晰，逻辑性强。

翻译能力：能借助词典翻译所学专业的文献资料和英语国家报刊上有一定难度的文章，能翻译介绍中国国情或文化的文章。英汉译速为每小时约 400 个英语单词，汉英译速为每小时约 350 个汉字。译文内容准确，基本无错译、漏译，文字通顺达意，语言表达错误较少。

推荐词汇量：掌握的词汇量应达到约 6500 个单词和 1700 个词组，包括中学、一般要求和较高要求应该掌握的词汇，但不包括专业词汇，其中 2500 个单词为积极词汇。

4. 课程设置

为了确保不同英语层次的学生都能得到英语应用能力的训练和提

高，大学英语课程设置分为综合英语类、语言技能类、语言应用类、语言文化类和专业英语类等必修课程和选修课程。各高校在确定好教学目标后，以此作为基础设计出更加适用于本校的大学英语课程，选修课与必修课的开设时间和门数也由本校实际情况决定。

综合英语类课程可分为初级阶段和高级阶段。初级阶段的课程属于大学英语教学的基础课程，适用于入学起点低、基础较差的学生。我们一直讲求的因材施教，就是要求大学英语课程设置要因人而异，英语基础差的学生学习初级阶段的课程，水平较高的学生学习高级阶段的课程。除此之外，大学英语教师不应将教学"狭隘化"，将教学重点仅放在知识点和词汇量的积累和教学上，要知道综合英语类课程不仅是一门语言基础知识课程，更是学生们拓展知识面、了解世界文化的素质教育课程。

因此，大学英语教师应当充分利用语言的载体，拓展学生的视野和知识面，多了解英语国家的社会、政治、经济、文化、历史、教育、宗教等多方面知识。那么在选修课课程的设置上，学校应当针对本校专业特点和师资力量精心设计与大多数学生专业结构特点、兴趣爱好和社会需求相符的多类型选修课程。我们可以将大学英语选修课程看作一个开放的教学体系，在课程设置上既要帮助学生打下扎实的语言基础，又要培养学生的英语实际运用能力，特别是听说写的能力，既要保证学生在大学期间英语水平稳步提高，又要根据学生各自的特点差异，制定出更具创意性、个性化的课程设置方案，并且足以满足学生毕业后不同专业的发展需求，例如：

A.语言技能类课程：英汉翻译、英语写作、英汉口译、英语演讲与辩论、英语视听。

B.语言应用类课程：应用文写作、商务英语、文秘英语、学术交流英语。

C.语言文化类课程：英美社会与文化、跨文化交际、报刊选读、英美小说、影视欣赏。

D.专业英语类课程：专业文献选读、专业文献翻译、论文写作、科技英语。

为了顺应国情，适应形势发展的需要，培养英语专业人才，各高校应当将英语教学的重点放在开展专业英语类教学上。专业英语类课程是由英语教师开设、教学内容与学科专业相关的英语课程，其教学重点落在英语语言训练上。双语课程则是由专业教师开设、用英语讲授专业知识的专业课程，其教学重点落在学科专业上。专业英语类课程与双语课程有区别，又有联系。开展专业英语教学可以有效推进双语教学。

二、大学英语教学模式

大学英语教学改革的一项重要举措就是要改变原有的教学模式，实现由以教师为中心到以学生为本的转移，将教学重点放在教与学之间的互动上，这样才能充分发挥教师与学生双方的积极性。我们都知道大学英语教育传统的教学模式一般都是以教师讲授为主，教学模式比较单一。如今网络技术的发达给了教育者们新的思考，大学英语教育也应当将科技融入课堂，以现代信息技术特别是网络技术为支撑，将传统的面对面教学，刻板的教育时间和地点的限制解除掉，让学生在校外、在家里，抓住任何碎片化的时间都可以学，这才能真正实现个性化、主动式的学习。基于计算机和课堂的英语多媒体教学模式应具备以下优点：

1. 大班授课与小班操练相结合

针对语言知识类课程，大学英语教师在课堂教学时都可采用与教材配套的多媒体教学光盘，将枯燥的文字教案转换为视频、音频、动画等方式投影在大屏幕上。这种教学模式能够更加生动直观、图文并茂地将课程知识点传达给学生，大班的规模在保证视、听、读效果的基础上，可不受人数限制。对于高级口语、演讲、辩论这类对师生互动要求和参与度较高的课程，可以采用小班课堂教学。

2. 课堂教学与开放式自主学习相结合

在大学英语教育中，课堂教学是由教师组织实施，在充分了解教学大纲和学生实际需求的基础上，通过面授课程的方式，制订出具有针对性、灵活性的教学计划，并通过示范、讲解、辅导、检查等形式，引导和帮助学生完成学习任务。这种面授的方式，让教师和学生之间的交流更加便捷畅快，教师可以随时针对学生提出的问题进行答疑解惑。但是，课堂教学时间毕竟有限，对于需要反复训练才有效果的英语项目，如听力、口语和阅读、语法训练项目，学生们可以自主通过英语教学软件在课外完成。开放式自主学习的方式不受时间和空间的限制，学生可根据自身情况随时调节，还可根据教学要求和自身英语水平及兴趣，选择合适的教学软件进行自主学习，这也充分地体现了大学英语个性化教学的原则。

3. 光盘多媒体教学与网络教学相结合

多媒体教学通过声音、图像、文字、动画一体化的界面，让教学内容变得更加生动形象，有助于集中学生的课堂注意力，提高学生的学习兴趣。网络技术的发展也体现在了大学英语的教学模式上，为了让学生们可以随时随地自检自测、自主学习，各种由计算机控制和检测的英语学习软件横空出世。学生们不仅可以运用这些软件检测学习进度，及时地调整自己的学习难度和学习目标，教师还能够以更加直观的方式，让学生看到自己的进步，培养学习的成就感。

网络教学向学生们模拟出了面授课程的情景，教师的授课和学生的听课都可以在不同的地点进行，互动交流无障碍，省去教师和学生"双向奔赴"的时间，让教学更加畅通无阻。网络课件的设计还兼顾了"学"与"教"这两大重要板块，既为学生提供了学习素材，还为教师提供了监督和检查学生学习过程的技术手段。总的来说，网络教学具有开放性、交互性、共享性、协作性、自主性的特点，是大学英语课堂教学的必要补充。

4. 第一课堂教学与第二课堂活动相结合

大学英语教育的目的是让学生切身地在英语环境中应对自如，与国际友人交流，达到学以致用的目的。可从目前中国的教育环境来看，很难为所有的大学生营造出英语的交流环境。所以，加强建设第二课堂就显得尤为重要，各高校应鼓励学生开设语言类相关社团，将大学英语教学融入校园电台、校园网等，强化实践环节，营造学习氛围。

第二节　大学英语教育生态系统的组成结构及困境解析

一、大学英语教育生态系统的组成结构及特征

1. 大学英语教育生态系统的组成结构

教育生态学，是研究教育与其周围生态环境之间相互作用的规律和机理的科学。该学科名称是由美国哥伦比亚师范学院院长劳伦斯·克雷明在 1976 年发行的《公共教育》一书中首先提出的。教育生态学，顾名思义，是以教育学和生态学作为重要的理论基础，将教育和生态环境有机地联系起来，让教育融入自然环境、社会环境和规范环境中来。因此观点目前还处于探究和逐步形成阶段，教育界学者对此看法也存在争议。

劳伦斯·克雷明等人认为应以教育为主题，研究教育与生态环境的关系。我国学者吴鼎福、诸文蔚所撰《教育生态学》一书则认为，

应把上述两种体系一起来,从教育和周围的生态环境相互作用的关系入手,以教育系统为主轴,剖析教育的生态结构与生态功能,以教育的生态系统为横断面,然后扩展开去,建立起纵横交织的网络系统结构,从而集中地阐述其原理,揭示出教育生态的基本规律。一般认为,后者的统一论的思想体系是较为可取的。

劳伦斯·克雷明的教育生态学理论是把教育看作一个有机的、复杂的、统一的系统,各因子(学校及其他教育者)都能有机地联系着,这种联系又动态地呈现为一致与矛盾、平衡与不平衡关系。这种教育理论在2001年被引进了大学英语教学研究中。从教育生态学的视角,我们可以将整个大学英语教育看作一个有机、复杂的生态系统,其主体主要包括学生和教师,教师是"教"的主体,主要负责设计课程、引导学生学习课程;学生则是"学"的主体,主要是吸纳知识,并实现知识的有机转化。

生态环境也可以称之为教育环境,是开展教育活动、实现教育目标的支撑条件。我们所说的教育环境以学校作为界限来划分,可分为内部环境和外部环境。内部环境就比较好理解了,其中包括:物质环境(教室、多媒体设备、语音实验室等教学设施、教材、网络资料库等)、组织环境(课堂教学、自主学习、第二课堂、社会实践等)和精神环境(教师和学生的心理状态、学习动机、情感需求等)。外部环境又可从横向、纵向两个角度来看,横向主要包括国家关于大学英语教育的目标要求、社会对英语人才的需求、信息网络技术的发展、区域英语文化氛围等影响因素;纵向主要包括前端的小学、中学英语教育和后端的硕士、博士英语教育。

2. 大学英语课堂生态系统的特征

构建理想化的大学英语课堂生态系统就必然要满足自然生态系统的主要特征和教学系统的特殊属性，这主要体现在以下几点：

（1）整体性

生态学认为生态因子（因素）在发展和变化中会产生一种普遍且非线性的联系，正是受这些因素的影响，生态系统在结构和功能上才具有相对的整体性和组织性，且生态因子也不可能完全脱离所处的某一系统而独立存在，否则其自身就会发展成另一个独立系统。

就大学英语课堂生态系统而言，主体就是教师和学生，课堂的自然环境、教师与学生之间的关系、学生之间的关系、教师和学生的心理，以及其他的作用因子，如教学计划、教学方法等，这些所有的因子都不能跳脱出大学英语课堂生态系统，但也都是重要的一部分，为的就是将自身能量发挥到最大值，以实现大学英语教学的目标。必须要说明的是，大学英语课堂教学系统并不是所有因子功能的叠加，而是各因子间的相互转换、输出，取长补短，实现各因子功能的协调。因此，课堂教学生态系统的整体功能要远大于所有单个因子功能的总和。

（2）多样性

作为主体因子的学生是具有多样性的个体，他们有着不同的性格特质、家庭背景、学习习惯，就像自然界的不同"物种"共存于整个英语教学生态系统中，彼此交融，相互影响，也正是因为这些正向的影响，学生之间的认知、思维和语言能力的多样性，成了这一因子之间能量流动和信息传递的驱动力。

（3）动态平衡性

所谓生态系统的动态平衡，是指生态系统内部各要素之间、各要素与外部环境之间相互联系、相互作用的过程中，通过系统的自组织而实现的一种相互适应、相互补偿、相互协调的平衡状态。

构建一个良好的英语课堂生态系统，是在保障其结构和功能的稳定状态的基础上，让各个生态因子在系统结构和功能的规范作用下各司其职，维系课堂生态系统的稳定。学生因子之间教育职能和信息之间的转换和循环，在教学系统和教师等教学因子的相互制约和监督下，使得教学生态系统处于平衡状态。但物质是不断运动和变化的，英语课堂系统中的各个因子也是不断变化和发展的，所以我们说的平衡状态其实也是一种动态发展的过程。当大学英语课堂系统出现不平衡的状态时，就需要系统内部进行自调自控，当然这也离不开外部系统的教育政策对系统的调整改革，从而使整个大学英语课堂系统维系在一个相对平衡的状态，让系统结构更加合理，也能发挥出最大的功能和效益。所以我们说大学英语生态系统是处于一种从平衡到不平衡再到平衡的这样一个循环往复的过程中的。

（4）开放性

大学英语生态系统的开放性主要体现在对外部系统的接受和交换能力上，也就是与外部系统建立互联，可随时接收和传输信息知识，进行能量交换。这也是大学英语生态系统能够持续更新完善的根本手段。系统要保持稳定有序地运行，其动力不仅来自系统本身，还来自系统之外。要想保证生命个体所在的系统是开放的，就必须要同时获取内部和外部的动力。对于大学英语课堂生态系统来说，我们需要的外界支持有很多，比如科学的英语教学目标、舒适的教学环境、先进的教学设备、不断更新的信息资源库等，大学英语教师通过在教学过程中的转化，这些来自外部系统的支持被学生吸纳接收后，又被转化成了学生的英语综合应用能力，而学生英语能力的提高又加速了这些外界力量更新变化的速度，对教学目标、教学环境、教学方法等产生影响。

（5）协同变化性

万事万物都是相互联系、共生共存的，我们也可将这一规律称为事物的相关性或称协变性，这也是事物的固有特征之一。这种共生共处的协变性在大学英语课堂生态系统中普遍存在，生态课堂的每一个因子都不能脱离其组织而独立出来，这些因子互相作用、相互影响，一个因子的变化也会导致另一个因子随之变化。简单来说，教师的教学模式变化了，那么随之变化的就是学生的知识结构和认知能力，当学生的知识结构发生变化，反之教师也要随之调整自身的教学板块和教学模式，这也是大学英语课堂生态系统所体现的协同变化性。

二、大学英语教育生态系统的困境解析

我国大学英语的传统教学模式可以概括为以教师为中心，以课本、黑板、录音带为主要教学工具，以课堂教学的形式，向学生们传授语言知识。但随着教育大环境的不断变化，教育手段也随着科技发展出现了颠覆传统的变化。从2002年教育部启动新一轮大学英语教育改革开始，一直到2007年正式颁布了《大学英语课程教学要求》，我国大学英语教育也从刻板、老套的教学模式转变成了迎合新时代的创新型教学方式。

从前人们嘲讽我们国内的英语教学是"哑巴英语",学生进步只能体现在笔试考试上,真正到了英语环境,学生就成了"哑巴"。为了应对这一尖锐问题,我国大学英语教育体系也做出了深化改革。有批评才有进步,从教育生态学的角度分析,造成大学英语教育困境的原因有很多,这其中既有生态主体自身的问题,也有外部系统的问题。总结来讲,主要体现在以下几个方面:

1. 信息储备不足

想要建设更加优化合理的大学英语生态系统,就必须要做到各因子之间的有机整合,让各因子之间相互产生一种正向的影响,相互制约,从而实现整个系统的更新和进步。但反观当前大学英语教育系统,各因子之间"画地为牢",教师与学生之间形成断链,教师不了解学生的状态和需求,学生也不了解教师的教育模式和教育目标。这种闭塞的信息交流环境,使得生态系统内的各项资源得不到更为优化的利用。

从外部系统来看,我国大学英语教育系统的信息储备存在明显不足,这主要体现在三个方面:第一,硬件设施不足。我国高校对于教具类产品的选择更侧重于耐用性,尽管信息技术在不断革新,但很少有高校愿意出高价选择购置这类教学工具;第二,信息收集系统不先进。唯有紧跟时代潮流才是一切发展的基础,随着科学技术的日益发展,个人手持终端设备越来越趋于全能,各类形形色色的知识我们都可以通过手机查阅。大学英语教育的信息系统也应当顺应时代要求,运用高科技弥补和完善原有信息途径,加快信息更迭速度,将最热最新的相关信息收集并呈现出现;第三,存在信息孤岛问题。信息孤岛是指各部门之间相互在功能上不关联不互动、信息不共享互换，导致信息格式无法兼容，信息传输效率因此受到影响。

2. 师生定位僵化

师生定位，顾名思义，是指教师与学生之间的互动关系，这也是教育生态系统中最为关键的链条。在传统的大学英语教育模式中，教师作为主体，与学生的关系较为僵化，"师者，所以传道受业解惑者也"，教师授课，学生听课。学生对于教师从来都只有"听之任之"的份，讲什么我就学什么，缺乏自主意识，对自己也没有一个明确的目标。

究其根本，这种死板教条的师生关系其实是受传统教学理念的影响。"尊师重道"被刻在了中国人的骨子里，这种等级上的尊卑有序，也使得教师和学生都难以施展"拳脚"。教师与学生走得太近失了体面，学生给教育提意见更显得失了尊重。但需要强调的是，尊师重道并不是说一味地顺从、尊崇。教师和学生之间需要开展平等且友好的互动。再者一点，我国地大物博，高校规模较大，但英语教师的师资力量普遍较少。受师生配比的影响，多数英语教学都会采用大课堂教学模式，这种"大锅饭"的教育模式，教师很难发现并针对各个学生的诉求进行难点突破，教学设计的创新性、针对性都难以提升。

3. 教学氛围沉闷

教学氛围是共生关系的外在体现，是评估教育生态系统活力的重要指标。当前我国大学英语课堂教学的氛围较为沉闷，究其原因，还是大学英语的考评制度所致。教师要求分数，将教学输出作为衡量教学的重要标准，受此影响，教师也更倾向于营造、设置一个安静、组织性强的课堂环境，这更有利于学生集中精力。但不可避免的是，压抑沉闷的教学环境也会无形中压制学生的活力和参与度。

传统的大学英语教育，知识点的挑选、讲授都是围绕着该年级考试考点来进行的。为了快速提升学生的考试成绩，多数英语课堂都会围绕试卷相对应的标准答案来展开教学设计。可以说教学重点就由学生为主体转移到了以考点为主体，教学内容相对局限。非对即错的判定标准也阻碍了学生们的参与意愿，长此以往，课堂氛围也就愈发沉闷。

4. 语言应用空间狭窄

语言应用空间是英语教育生态系统的构建成果。身处于中文交流环境的大学生，很难得到英语的应用空间。一线城市的高等院校条件尚可，有外教和英语社团活动等交流途径。但对于多数二、三线城市的高等院校来说，学生很难在校园中找到练习伙伴，学生的英语应用能力也很难在日常生活中得到磨炼，也就形成了我们常说的"哑巴英语"。

其实，学习语言的主要目的就在于社会交流，英语也成了一种沟通渠道，能够让学生对英语国家的政治、人文、历史有更加深刻的了解，并能够使用英语将我国的传统文化宣扬出去，进行国际上的文化输出。基于这一理念，社会可被视为语言的生态系统，语言学习将在社会应用中得到完善。那么在缺乏应用空间的环境下，学生们难以实践训练，课堂掌握的理论知识也难以得到巩固训练，英语能力的提升也就变得尤为困难。

5. 课后学习质量低下

很多学生认为只要在课堂上认真听讲，课后学习也就可有可无，其实不然，课后学习是巩固学习效果、形成技能技巧、培养良好的思维品质的重要手段，也是课堂教学过程非常重要的组成部分。从大学英语教育生态系统的角度来讲，课后学习是整个生态系统的繁衍成果，是学生自主学习意愿、课堂教学、考试要求共同带来的延伸行为。

我国目前多数高校中，学生的课后学习质量一直不高，教师在课后也鲜少参与到学生的课后学习中去。这是因为大学生都是成年人，有着健全的自我独立意识和较强的自学能力，学校认为给学生们提供宽松的学习空间，就能辅助提升学生的学习效率。其实不然，处于这一年龄阶段的学生对于外界的诱惑，很难克制自己，再加上长久的监督式的学习模式，一旦放松管理，学生们也会产生自我松懈。所以应当鼓励英语教师介入学生的课后学习中去，做学生的学习伙伴，帮助学生提高自身英语口语水平及语言应用能力。

第三节 大学英语教育的发展现状及对策研究

一、大学英语教学现状分析

尽管大学英语教育改革方针已经提出多年，但由于长期受应试教育的影响，大多数的大学英语课堂还在沿袭老旧的"填鸭式"的教育模式，教学内容过于注重基础，相比于学生综合素质的提升，更重视学生的考试成绩，缺乏针对性教学和实践性操作，也没能切实地站在学生的角度，考虑未来的实际就业需求及未来规划。

就目前大学英语教学的现状来看，很少有高校能够施行因材施教、创意教学、分层级教学等新型教学模式，因此，如何转变教学及学生思想、提高学生的英语应用能力还是大学英语教学中需要解决的一大难题。

第一，教学模式的固化。截至 2020 年 6 月 30 日，全国高等学校共计 3005 所，其中：普通高等学校 2740 所，含本科院校 1258 所、高职（专科）院校 1482 所；成人高等学校 265 所。这么多所院校，大学生的数量更是可想而知，相比于稀少的师资力量，我国大学英语教育很难做到因材施教，"一刀切"的教学模式普遍存在。教师为了完成教学工作，刻板地通过教案和教学大纲授课，完全不考虑学生的实际掌握情况和个体差异性，抹杀了学生学习英语的积极性，导致大多数学生都处于为了应付考试而被迫学习的状态。

第二，目前大学英语的考核模式仍然以大学英语四六级考试作为衡量标准，学生为了达到考试目标，就必须在考试范围内进行英语学习，这不仅大大缩小了大学英语的学习范围，还将大学英语教学模式引向了错误的轨道，并且越陷越深。

第三，师资力量薄弱。随着近几年高校大量扩招，教学规模逐年增大，可英语教师并没有相应增多。据有关资料调查显示，目前我国英语教师和学生人数比约为1：130。这也导致大多数高校都采取大班授课的方式进行英语教学。教师的工作压力过高，很少有独立的空闲时间去进修，精进自己的英语水平。长此以往，大学英语教师的知识储备量只会停滞不前，难以跟上新时代大学英语教学要求。再加上，当前大学英语教师的晋升职称并不以教学质量为标准，许多教师将大量精力放在了发表论文上，教学也就被迫退居了二线。

第四，落后的教学设备。还在听磁带学口语吗？这样的大学英语教学模式太落后了。尽管如今的教学设备日新月异，可大多数高校仍采用老旧的教学设备，语音教室的配置也是参差不齐。有些高校为了完成省内下发的改革指标让新建的语音教室成了摆设，甚至还有的成了学生上网娱乐的"网吧"。有的大学英语教师自身计算机操作水平不高，对于新进的设备更是一窍不通，这些都是大学英语教学中的常见现象。

二、大学英语教学的改善措施

1. 教学理念的重新定位

在第一章大学英语核心概念的界定中,第一点我们就介绍了英语的工具性,这可以看出当前的大学英语教学模式多是以工具性作为核心,而忽略了其人文性的部分。这种观念也导致对英语教学中的人文主义教育价值观重视程度不够。

从人文主义教育价值观来讲:教育的核心价值和最终目的是人的发展。大学生学习英语不仅是为了提升自己的语言交际能力,更是自身思维方式的拓展、价值观的重组及人格结构的重塑。那么对于大学英语教学来说,教师就应当从学生能力本位、人性提升、全面发展三个方面进行教学大纲的设定,将教学目标定位在提高学生的人文素养上,这里所说的人文素养包括:对英语语言的了解、对英语国家文化的了解等。

这种重人文教育的大学英语教育模式一方面能够为国家培养高素质人才,另一方面还能照顾到部分英语水平不高的学生。英语教学就应当以学生为本,课堂教学应始终以学生为中心,英语教师应建立正确的教学观,改变刻板教学模式,积极调动学生的自主学习性和主观能动性,正确处理好语言知识、语言技能和语言能力之间的关系,培养学生"在用中学"的学习理念。

2. 优化课程设置

在以就业为导向的大背景下,高校教育除兼顾教学任务外,还包含职业培训这一任务,纵观当今职场,掌握一门外语的确会帮助求职者获得更难得的涉外就业机会，即便是私企，也更愿意录用英语成绩好、专业扎实、能讲出一口流利英语的毕业生。有需求就有市场，这也促使高校不断地深化教学改革，意图构建一个由基础英语、专业英语、职场英语、行业英语组成的全新的高校公共英语教学体系，专注于学生未来的职业规划发展。

基础英语教育的时间应设定在一年左右，主要面向学生讲授一些基础的、必需的日常英语语言知识及语言技能，介绍英语国家的文化习俗等内容，这在为学生的专业英语奠定了良好的语言基础上，还培养了学生国际交往的意识。大学教师还可结合学生的相关专业，开设旅游英语、文秘英语、计算机英语等，学生日后在工作中也能将英语技能学以致用，满足学生的专业发展和就业需要。同时通过增设礼仪英语、英语应用文写作、经贸英语等外语课程，加大选修课比重，以满足不同学生不同层次的需求，为社会输送更多优秀复合型人才。

3. 改革教学

大学教师应当重视学生的个体差异性，改变传统"一刀切"的教学模式，根据学生基础英语知识的掌握能力、智力因素、学习兴趣、学习习惯等多方面个体差异进行因材施教，让每个学生都能在教学中收获成就感、重视度。这就要求大学教师根据学生的认知结构和认知能力进行分层式教学，将英语水平相近、学习兴趣、学习习惯相符的学生分到一个班级，这样进行有区别地教学。学生还可以根据自身的实际情况及未来职业发展规划进行自主选择，可以说分层教学是大学英语教学的一个重要探索阶段。它摒弃了原有的以"尖子生"为教育主体的教学模式，着眼于整个学生群体的发展，这更加有利于培养学生的主体意识,发挥教师的创造精神,提高课堂教学的效率等。

其次,教具的升级。为了让大学英语教育更加顺应时代发展的需要,为学生创造出一个集文字、声音、图像、动画为一体的英语教学环境。大学教师可通过开办"英语广播电台",组织"英语辩论赛""英语作文大赛""英语晚会"等活动,激发学生的学习兴趣,以感官教育调动学生自主学习的积极性,提高学习效率。此外,大学教师还可以利用多媒体网络多向学生们展示书本之外的信息,通过多渠道获得利于提高英语成绩的资料信息。

4. 改革教学评价形式

大学英语教育应当以什么作为量化评估的标准,目前高校英语考试可分为校内的课程考试和校外的水平考试。

校内课程考试一般指的是每学期的期末考试,教师将本学期教学的重点、难点提炼出来作为考核学生英语学习情况是否达标的基准;校外水平考试则指代的是一种国家级或省市级的水平考试,如大学英语四、六级、全国英语 A/B 级测试等,这类考试往往信度高、效度高、认可度高。专业的英语水平测试,也能更好地激发学生自主学习的热情,做到学以致用,增强竞争力,利于学生未来就业。

评价体系作为高等院校英语教学的一个重要环节,强调以其实用性和职业性作为就业导向,要求毕业生就业时拥有该岗位所需的英语能力。考试作为教学评估的主要形式之一是必要且有效的,但是考核内容应当从传统的知识点考核逐渐向综合能力考核过渡,从单一的卷面测试逐步转向英语应用能力的全面评价上来,充分发挥测试的诊断、评价、反馈、预测及激励功能。

采用多元化考核评估是为了更好地满足学生之间的差异性，遵循个人发展的教育原则，比如以就业为目的的高职英语教师和管理部门在对学生评价时，除了分数上的考量，最好结合知识、能力等多元化评估内容，通过课堂提问、随堂测验等多元化手段及时了解学生的学习动态，促进学生有效学习，通过这种多元化的评估体系最终实现英语学习过程和学习结果评价的和谐统一。

第三章 大学英语跨文化教学中的问题及对策

第一节　大学英语教学与跨文化交际

一、跨文化交际能力概述

在世界全球化的大背景下，贸易、交通、政治、思想等方面跨文化交际日益增多，因此提升当代大学生的跨文化交际能力迫在眉睫。2010年颁布的《中国中长期教育改革与发展纲要（2010—2020年）》中明确提出：培养大批具有国际视野、通晓国际规则、能够参与国际事务和国际竞争的国际化人才。

大学英语教育是高等教育的重要组成部分，英语作为我国与英语国家建立沟通的语言工具，英语教育更应当走在改革教育的前线上，顺应国家进步和发展的需要，将语言基础知识、应用能力、交际技能和文化素养教育有机结合，实现大学英语教学中的跨文化教育的跨越式发展。什么叫跨文化交际？跨文化交际既可以指"跨"不同种族、不同民族、不同国家或不同政治、经济体制之间的交际，也可以指"跨"不同性别、不同年龄、不同职业、不同阶层、不同教育程度甚至同一国家不同地区的交际等。跨文化交际研究的主要内容包括文化、交际、文化与交际的关系、在交际过程中容易产生问题的领域及如何提高跨文化意识和能力等课题。

跨文化交际已经成为21世纪的时代特征，凡是需要参加国际事务，进行国际合作及竞争的国家、民族和机构都需要跨文化交际。就当代大学生的个人素质发展和未来职业发展而言，培养其跨文化交际能力更是极为重要的。但跨文化交际能力的培养是一个长期且浩大的工程，并不是一蹴而就的，是需要由多个学科共同参与、通力合作的配套工程，短期的跨文化培训并不能增强学生的跨文化交际能力。

要想理解跨文化交际的核心，我们需要将"文化交际"这个词语拆分开来理解："文化""交际"。文化是什么？文化是人类智慧和创造力的体现，是人类社会相对于经济、政治而言的精神活动及其产物；交际又是符号系统、语言系统和文化系统的"信息转换"。世界各国的文化均有差异，即便是面对同一事物、同一行为，人们也会因为其教育方式、生长环境的不同而作出不同的反应，因此要想在交流中真正理解对方的含义，就需要了解对方国家的语言文化。

语言是文化的符号，想要学习一门外语，就必须学习和认识语言符号系统所具有的形式与意义及其组合规律。那么如何培养当代大学生的跨文化交际能力呢？大学英语的工具性再次体现了出来。教师授课、学生听课，从另一种角度来讲教学就是一种交际，大学英语教学需要将语言、文化、交际串联、交织在一起，让学生在跨文化交际中真正学会使用外语这项技能，这也是成功进行跨文化交际的重要途径。

大学英语教学的关键是培养学生的英语语言运用能力、社交能力，大学生只有充分了解英语语言的文化背景，明确国际、民族之间的文化差异，才能更好地进行英语学习。在大学英语教学中，文化与语言的融合，能让学生在理解语言的过程中懂得文化，从而加深对英语语言的深刻认知。大学英语教师在教学中，应当深入探究课程内涵及背景，在讲解重点、难点或具有争议性质的知识点时，及时指导学生对比中西方文化差异，指引学生从文化的角度欣赏、学习英语，便于学生更加准确地掌握英语。

二、跨文化交际中的障碍因素

1. 非语言交流差异

我们经常会听到这样一句话："肢体语言是世界流通的语言。"出国旅行时，当你出现语言上的沟通障碍，就可以运用肢体语言简单地传达自己的意思，进行实时交流。事实真的是这样吗？其实，并非所有的肢体语言都是全球通用的，在不同国家之间，同样的手势可能代表着不同的含义。

肢体语言的确能够传递某种特定信息的面部表情、手势语，以及其他身体部位的动作，等等。但当我们置身于另一种文化环境时，非语言交际的使用更是尤为重要，比如身体移动、面部表情、动作、身体距离、身体姿势等，这些表现行为都与我们的生长环境、文化中的价值观、信仰和态度相关联，只有充分了解了这些差异，才能促进双方互相理解。

（1）动作一样，意义不同的肢体语言

跺脚：在中国人看来，表示气愤、恼怒、灰心、悔恨。比如说：

气得直跺脚。而它的英文含义则是不耐烦，比如：give a stamp of impatience（不耐烦地跺脚）。

嘘嘘声：汉语含义是反对、责骂、轰赶等，比如，某位演员刚刚表演完毕，台下就响起了一片嘘嘘声。而它的英文含义则是要求安静（to keep silence）。比如：The baby is sleeping.He puts his middle finger to his mouth and makes the small noise to keep silent.（孩子睡着了，他把中指放到嘴边发出轻微的嘘嘘声要求保持安静。）

（2）意思相同，但动作有差异

开玩笑时表示对方没羞：在中国，我们会伸出食指在脸上刮几下，而美国人则是伸出两只手的食指，手心向下，用一个食指擦另一个食指的背面。

表示吃饱了：中国人用手抚摸后轻拍自己的肚子，表示自己的肚子已经装满食物了，不能再吃了。而美国人一只手放在自己的喉头，手心向下，表示吃到这了，食物已经到了嗓子了，再吃就要吐出来了。

以上列举的只是我们日常生活中比较常见的生活用语，但从这些细节不难看出中西方不同的文化对比。语言和文化是相互依存、共同发展的，尽管肢体语言在国际交流中仅占一小部分，但如果忽视它，也会对人际来往造成不必要的麻烦。

2. 性别差异

关于跨文化交际中的性别差异，早在1903年西方心理学家汤普森就已经按照时间先后，从心理学的角度探究了男女性在智力、人格特质、性别角色的发展及认定方面的差异。那么从语言学的角度来说，相关学者也针对男女性别在语言、词汇、语调、结构等具体的语言应用中做过专门的讨论，对男女性会话方略、意图，以及从生理、心理、社会等方面存在的性别角色、言语特色、言语交际进行了总结分析。

实验表明，男性与女性不仅在谈话中表现出言语、思维方式的不同，就连对话语的解释框架也大相径庭。第一，是对"提问"行为的看法不同。女性习惯把提问当作鼓励对方完成谈话、建立和谐关系的重要手段，而男性则视提问为提出问题或获取信息的方式。第二，对话的转换和发展的不同。男性喜欢开门见山，单刀直入，不喜欢转弯抹角或泛泛而谈，话题转换似乎很突然。然而，女性说话更加注重细节，努力使谈话转换得较为自然，更在预料之中。第三，男性与女性对待问题、建议、意见的态度相差较大。女人喜欢在互相了解的基础上建立感情，热衷于互相倾诉，感情交流较多。但男性则更喜欢提出真实的建议，帮助解决实际问题，会滔滔不绝地讲述自己的观点，有时很难察觉到对方心情的变化。第四，男女对侵犯性言语行为的态度不同。女性认为是对她们个人的攻击，视其为破坏和谐友好关系的举动。而男人则把它看作一种谈话得以进行的惯用手段。第五，女性在开始讲话前，往往要重复别人讲过的内容，以示尊重，而男人则不然，直接陈述自己的见解，无视别人所为。

在同一国家，同一语言环境下的性别差异尚且如此，更何况在跨文化交际中想要保证无障碍地与英语国家的异性进行交流，可谓难上加难。当我们在跨文化语言交际中，各自文化中的性别差异可能反映在语言语调、词汇句法、话语理解、接触频率、说话所处位置等方面。在跨文化交流中，特别是存在性别差异的情况，应当避免固化思维，保持文化敏感性是必要之举。

3. 文化定式

什么是文化定式？简单来说就是关于文化的刻板印象。"定式"，也可称之为"定型""刻板印象"，这个概念最早出现于1922年，美国政治评论家Walter Lippmann出版的《大众舆论》一书中，带有贬义含义。但"定式"一词进入中国后，国内学者贾玉新则认为这代表了一种思维定式，或是一种简单化的认知方式。后来对"定式"一词的定义和解释也逐渐有了新的延伸，目前的社会心理学家已经越来越倾向于将"定式"看作一个中性的概念。

其实我们对于"文化定式"并不陌生。一提到是内蒙古的，都认为家里是住在蒙古包，每天喝牛奶，吃牛羊肉，甚至是骑马去上学；一提到湖南，就认为所有湖南人都特别能吃辣；一提到东北，张嘴就是东北话。这些都是我们对一个城市的"文化定式"。

文化定式作为一种认知方式和认知策略，在帮助人们开启不同文化大门时是一把行之有效的钥匙，但同样也是束缚人们思想的桎梏，存在着不可忽视的消极影响。这一点在跨文化交际中更体现得淋漓尽致，在面对不同国家的人时，表现出自我意识的刻板印象。消极的文化定式让我们在内心夸大了群体差异，而忽视了个体差异，让我们错误地看待个体成员，认为对群体适合的就对群体中的个体也适合，这其实就是在"贴标签"，人为地制造屏障，妨碍文化间的交流和理解。

我们对其他国家的文化定式是具有强烈的稳定性和延续性的，很可能几个世纪都不发生改变，但也可能在时间和语境的变化中，迅速发生改变，比如你结识了不同国家的朋友，通过对这一个体的深入了解，慢慢改变了对其国家的刻板印象。

那是不是说所有文化定式都是消极的呢？也并非如此。从认知的角度来看，文化定式可以对世界进行较为快速的分类，从而采取进一步措施进行跨文化交际。但这就需要我们对文化定式有自己的理解和判断，正确分辨哪些是荒谬的刻板印象，哪些是真实有用的信息，这些有效的文化定式能够帮助我们在与不同文化的人们交往的时候，提前预测他们的交际行为。除此之外，定型有助于人们对群体的认同和增进社会凝聚力。一个群体的自定型使群体成员形成对该群体的归属感与认同感，而他定型则为该群体划出了与其他群体相区别的界限，比如当我们与一个陌生的群体接触时，通常都会产生一种对陌生事物的恐惧感，排斥接触对方，那么他定型就是用来减少社交焦虑的重要手段。频繁地接触不同群体很可能导致频繁地运用定型这一自我保护机制。

第二节 大学英语跨文化教学中的问题及对策探讨

一、大学英语跨文化教学中存在的问题

从当前大学英语教学的实际情况来看,跨文化教学中还存在以下几个问题:

1."中国英语"的再生

英语在世界上有两次大的传播。第一次是向"新世界"的传播,即大量的以英语为母语的英国人在移民到北美和澳大利亚、新西兰时也把英语带到了这些国家,英语在这些地方经过长期的演变发展成为我们今天所知的美国英语、加拿大英语和新澳英语,并成为当地人的母语。第二次传播发生在18世纪至19世纪不同时期,英语作为殖民地的产物被移植到亚洲和非洲,是少数以英语为母语者把这门语言带到一个新的社会文化环境中。

那什么是英语本土化呢？著名语言学家 Kachru 指出：英语与其他语言和文化彼此接触和相互作用的过程中，会产生两种必然结果，即英语的全球化和本土化。Kachru 认为不管是出于科学、技术、文学方面的目的，还是获得名望、地位或是现代化的原因，英语一旦被某个地区所采用，都会经历一个再生的过程。这一过程既包括了语言上的再生，又包括文化上的再生。

就像我们从小学英语具有美式发音和英式发音之分，英语传到中国呢，又有了中式英语这一说。但需要明确一点的是，"中式英语"和"中国英语"是两个完全不同的概念。

"中式英语"是指带有汉语词汇、语法、表达习惯的英语，是一种具有中国特色的语言，是中国人在学习英语过程中必然会出现的一种语言现象。举几个比较常见的中式英语来说：

（1）价格挺合适／挺好的。

Chinglish：The price is very suitable.

English：The price is right./The price is appropriate./The price is good.

（2）你是做什么工作的呢？

Chinglish：What's your job?

English：Are you working at the moment?

（3）用英语怎么说？

Chinglish：How to say?

English：How do you say that in English?

（4）现在几点了？

Chinglish：What time is it now?

English：What time is it?

"中国英语"则是国际英语的重要组成部分,是将表达中国特有事务的英语词汇融入英语当中,从而形成了一种英语变体,这对于中西文化交流具有不可或缺的积极作用。"中国英语"保留了英汉两种语言的特点,在语言运用上,切实结合了中国人的行为模式和认知方式。可以说"中国英语"是东西方跨文化交流和全球化融合作用下的产物。

本土化英语中的汉语干扰会出现在表达中外一切事物的内容上,这在语言各层面上的现象非常明显,我们可以从语音、词汇和语篇方面来分别讨论以下中国特色的变体现象:

(1)语音

中国英语学习者达到了一定阶段,基本可以克服绝大多数音段音位错误,即便英语口语与英语母语国家的人相比还有一些语调上的差异,但并不会影响正常的对话交际。

(2)词汇

"中国英语"借助汉语表达法、句法、修辞、篇章结构及认知方式来表达中国人的世界观、价值观、文化传统、社会习俗、饮食习惯、民族风情风貌、人文地理和不同于西方社会的具有中国特色的种种内容,反映中国不同时期的历史与社会发展、政治经济、教育文化和价值观念等,例如:Market-oriented economy(市场经济)、Four Books(四书)、Four modernizations(四个现代化)、Open-door policy(开放政策)等。"中国英语"具有汉文化和汉语特色,贴近中国社会现实,便于海内外华人掌握使用。

除此之外,"中国英语"还通过音译、译借及语义再生等手段,进行词汇的再创造,让国际英语的内涵和表达方式更加丰富、有趣。

音译是指借用汉语拼音进行英语表达，例如：kungfu（功夫）、kowtow（叩头）。借译是指借助英语的表达形式，将汉语词汇逐词翻译出来，例如：paper tiger（纸老虎）。语义再生是指英语中的某些词汇被用于中国这个特殊环境中时，所包含的意思发生扩大或缩小，褒贬色彩转换等变化，例如：一词既可表示"工程师、专家"，也可指某些体力劳动者，但在"中国英语"中，其含义范围仅限具有专业性技能或相等任职资格的人士。

（3）语篇

中国人在使用英语时，习惯将中国式的思维方式带入日常写作当中，但是西方人写文章习惯开门见山，将话题放在最前面，即便是朋友之间打电话，也喜欢将打电话的目的先说出来，然后再叙述原因或者过程。但中国文化偏重直觉和整体思维，叙事也喜欢从时间线上娓娓道来，这就导致了中国英语学习者在进行英文习作时，既不像用中文写作的语篇，又不像以英语为母语国家的语篇，这也是英语语篇在中国本土化的必然结果，这种中国式语篇的构成也并不会妨碍中国人用英语同外国人进行交流。

在当前跨文化交际的实际活动中，我们还是能碰到这种情况，大学生可以流利地用英语对话交流，但还是不能够积极主动且有效地向外输出本民族的文化传统。这是因为英语学习者对于中国文化知识的欠缺，不知道如何用英语来表达中国文化。要知道，跨文化交际是双向的，包括交际双方的"文化共享"和彼此的"文化影响"，但当前的大学英语教育，往往只是单向地让学生们了解英美文化知识，忽略了母语文化的正迁移效应。跨文化交际者所承担的使命不仅仅是将国外先进文化引进来，更重要的是能够将中华文化传播出去。只有"学贯中西"才能正确处理中西文化冲突,才能以深厚文化素养和独立的文化人格成功进行跨文化交际。

2. 教学观念的老旧

在传统教学观念的影响下,大学英语教师对于跨文化教学的重视力度并不太高。更多时候,大学英语教师会将注意力放在英语的听说读写等能力的培养上,追求高分数,高效力教学,对于文化渗透并不看重。这是因为大学英语教师的教学观念还处于老旧阶段,没有从大方向去考量,只重眼前成绩,忽略未来发展,这是我们进行跨文化教学需要改革的第一步,只有先让教师重视起来,明确跨文化交际的重要性,理解文化输出的方针策略,才能够给学生传导一个正确的价值观,来推动大学英语跨文化教学。

3. 英语教材的匮乏

尽管在2007年7月教育部颁布的《大学英语课程教学要求》中规定了"大学英语教学是以外语教学理论为指导,以英语语言知识与应用技能、跨文化交际和学习策略为主要内容,并集中多种教学模式和教学手段为一体的教学体系"这一点,但当前的大学英语教材收录的内容大多是科技性、说明性文章,关于英语文化的内容相对较少,缺乏充足的文化内容,并不利于跨文化教学的推进。

英语教材是教师开展课堂教学活动的基础,但如果教材都忽略了跨文化教学这一部分,教师又以什么作为教学标准和要求呢。英语教材的不充足性致使英语教师对于跨文化交际这一类目的知识一笔带过,造成了学生对英语文化了解不深。此外,在大学英语教材中也鲜少涉及中国文化的英语表现方式,这一点也很不利于中国文化在国际上的传播与交流。

4. 跨文化教育与实践联系不密切

在我国,传统语言学认为语言学研究的对象只是语言本身,在这一理论的影响下,英语教师多以培养学生的语言能力为教学目的。目前的很多大学英语教师并不具备跨文化交际方面的知识和理解力。在教学中也并不能结合文化知识来讲授语言的交际法则。也正是因为教师本身知识的匮乏,难以将文化和时间结合起来,造成了跨文化教学效果不佳。学生在学习中只能理解语句含义,无法把握其中涉及的文化,影响到学生的实际学习效果。

5. 学生的跨文化理解能力不足

我国英语教育普及的时间较早,但中小学英语教学和实践都以强调语言内部结构的认知为主,学习时按部就班,从音标到单词,从句式结构到英语阅读理解再到英语习作能力,都是刻板的学习,凸显的是语言的社会交际能力和使用功能。升入大学后,想要转变传统的授课及学习模式很难,这势必会造成大学英语的教育与中小学英语教学脱节。

在目前英语教育的大环境中,不管是学生还是教师对于跨文化理解的能力较差,甚至错误地以为只要精通了词汇和语法,到时候再去了解西方文化是手到擒来的事,并不需要单独开设一门课程,让学生们重视跨文化交际。但其实,中国式的思维理解方式换到另外一种文化大环境下就可能成为一种误区,一种容易让人曲解的含义。拿着汉语的习惯去套用英语,并不是能常常适用。听、说、读、写四大能力的确能够帮助我们流利地运用英语进行交际,但仅能够运用语法上正确的外语,并不足以让我们更好地进行跨文化交际。

二、改善大学英语跨文化教学的策略

1. 明确跨文化教学目的

为了顺应时代发展,大学英语教师在开展课堂教学活动时,必须转变老旧的教学思路,树立全新的教学观念,将跨文化教学贯穿于整个英语课堂教学活动中去。在制定教学大纲时,大学英语教师应当充分考虑到中西方文化差异,丰富学生的知识面,实现语言教学与文化渗透的深入融合,促进学生跨文化意识的提升。在大学英语教学中跨文化交际的基本目标,主要可归纳为以下四点:

(1)在学习英语的过程中,学生难免会碰到一些具有丰富内涵的词汇和典故等,教师应当利用这一教学时机,向学生们普及相关文化背景及知识,以此来培养学生的文化理解力和文化背景知识储备能力。

(2)随着中国在国际上交往增多,培养国家急需的交际型人才迫在眉睫,面对新时代的挑战,以及未来职业规划的发展,培养学生的跨文化交际能力更是尤为重要。

(3)教会学生能够拥有理性的判断能力,在面对他国的文化定式时,正确地区分什么是错误信息,对于外国文化能够保持一个客观理性的态度。不可产生先入为主的认知,而是通过不断的学习和切身的实际交往,在一个相对真实的场景中去了解和掌握外国文化,取长补短,这具有很强的现实意义。

(4)随着网络媒体的传播,学生们能够通过影视、报纸、杂志、媒体等多种渠道获取外国文化信息,面对冗杂的信息,学生们要能够以我为主,形成自己的判断,并根据实际情况,学习并理解相关文化知识,充分利用多渠道平台来增进自身的跨文化交际能力。

2. 结合中西方文化优化教材结构

英语教材是教师开展课堂教学的基础,要想从根本上转变当前大学英语教育中跨文化教学现状,就必须对大学英语教材结构进行优化,结合大学生的英语学习现状,编排跨文化教材,强化文化的渗透影响力,调动学生英语学习积极性,同时便于师生之间的交流,推动大学英语跨文化教学的落实。

中西方文化本身是存在着明显的差异性的,在教材设置上更要凸显出这一点,比如:"red"红色在中国文化中是吉祥、喜庆的象征,但在西方文化中是危险、警报的意思。又比如在课堂上进行情景对话训练时,中国人第一次见面往往会询问对方的年龄、婚姻状况、子女情况,甚至是收入,这在中国人眼里是一种礼貌,但在西方人眼中这些问题侵犯了他们的隐私,是不礼貌行为。如果教师不能及时向学生们传达中西方文化的差异,就很容易导致学生在实践交流中出现障碍。只有在跨文化教学活动中进行正确的指引,处理好文化与语言教学之间的关系,才能促进学生综合能力的提升。

3.开展跨文化交际实践活动

互联网时代背景下,大学生对于网络的依赖程度逐步加大,英语教师可以充分利用网络的便捷性,鼓励学生通过正规的社交媒体平台,与其他英语语言文化背景的人进行沟通交流,促使学生在实践交流中提升自身的跨文化交际水平。除此之外,大学英语教师也可以组织学生参加英语联谊活动,引导学生与本校的留学生进行跨文化交流,强化学生的英语交际能力。教师还可以从网络上搜索相关的纪录片或趣味题材讲座,在课堂上播放给学生观看,让学生借助形象的视频调动跨文化交际的积极性,进而更加深入地了解西方文化。

4.在课堂情景中渗透跨文化内容

在《大学英语课程标准》中,文化已被列入英语教学的内容标准和目的要求。英语教学不能只单纯地注意语言教学,还必须加强文化导入,重视语言文化差异对交往过程的影响。让学生在情景中感知并理解语言,围绕情景会话来设计教学环节,以此训练学生的跨文化交际能力。

同时,英语教师还需要对教材内容结合跨文化教育的目标进行深入挖掘,指引学生通过跨文化思维理解教材内容,尽可能降低母语对于学生在英语学习的负迁移。这是因为在母语环境下,学生们已经养成了母语的行为习惯,再接受另一种语言时,必然会受旧的语言习惯的影响,即受到行为主义心理学中的迁移规律的约束。这种母语负迁移现象主要可表现为:

(1)语言负迁移

首先从发音角度来看,英语是由肺部气流压缩往外送音,感觉比较浑厚；而汉语则一般从口腔发音，感觉比较柔和。所以，中国人讲英语与外国人相比就少了那么一丝厚重，带着中式口音的标记。这是一种常见的中介语发音特征的僵化现象，尤其是在高中阶段表现明显。

其次，从语音的语言系统来看，英语是一种主要依靠语调来区别字义的"语调语言"（intonation language），而汉语则属于以声调区别字义的"声调语言"（tone language），这两种语言在音素的数量及其组合方式上相差甚大。第一，英语既有以元音结尾的开音节词，也有以辅音结尾的闭音节词，而汉语的字基本以元音结尾。而学生往往在英语辅音后再加一个元音，于是，work 被读成了 worker，bet 被读成了 better。第二，有些英语音素在汉语中根本没有，所以，thank，sing，shy 常被读成 [senk][sin][sai]，特别是方言很重的学生。再者，英语中的辅音簇汉语中没有，汉语辅音之间总会隔着一个元音，因此，在读英语辅音簇时，学生倾向于在中间加一个元音。第三，英语中的失去爆破、辅音浊化、连读、重音等，也往往会令学生犯难，容易导致语音方面的负迁移。

（2）词汇负迁移

词汇负迁移是影响学生学习英语的一大障碍，这种负迁移现象比较复杂，主要可分为以下两类：

第一，词语的表达方式不同。每一种语言都有其独特的组词、搭配方式和表达习惯，大学生受母语习惯的影响，通常都会从词意的角度出发，把词汇对等地从中文翻译成英文，但这种对等翻译是具有偏差性的。

第二，词的内涵意义、联想意义和感情色彩不同。学生在学习英语时经常会进行"想当然"的联想，一听红茶，在脑子里就直接翻译成了"red tea",可是在英文中,红茶是"black tea";黑面包也不是"black bread"而是"brown bread";红糖更不是"red sugar",而是"brown sugar"。所以大学生在进行英语写作时,一定不要先入为主地用中文的惯性思维去学习英语,多注意词语的表达方式、词的内涵意义、联想意义和感情色彩的差异。

（3）句法负迁移

虽然英汉句子基本结构都是主语(S)+谓语(V)+宾语(O),但是两种语言的内部结构形式差异常常会导致负迁移的产生。表现为:

第一,汉语为无标记语言,没有严格意义上的形态变化;而英语相对于汉语而言,语序、形态的变化比汉语丰富和复杂得多。对学生来说,他们往往会在人称和数的变化、时态、人称代词、主谓一致等方面犯错误。

第二,汉语的特点是主题显著,句子的基本结构主要体现在主题与述题的关系,而不是主语与谓语的关系,所以学生在学习英语的过程中,往往会出现 Chinglish 的句子。

第三,一般来说,汉语句子重意合,上下文靠意思贯穿,只要能将意思表达清楚,并不讲究形式上的完整,主语、关联词等的省略屡见不鲜。但译成英语,必须加上主语 we 或 you,因为英语讲究主谓宾逻辑和语法的完整。

在克服母语负迁移的基础上,大学英语教师还要尽可能倡导学生客观地面对不同文化之间的差异性,不要极端地否定或者盲目地肯定。比如,教师可在课堂中创造实景讲解西方的餐桌文化,也可采用多媒体教学的方式,指引学生学习刀叉的摆放、用餐顺序、结账习惯等,让学生能够切身感受到跨文化交际中需要注意的要点。

5. 借助阅读积累跨文化知识

大学英语教师在开展跨文化教学活动时，还需要指引学生充分利用外国文学作品，对文学作品进行深入阅读，剖析其中的文化内容，要想了解一个国家的文化内涵，就可以从贴近民众生活的文学著作入手。在日常的教学中，教师可根据不同学生的英语基础及阅读取向，推荐一些优秀的外国经典文学作品，锻炼学生的英语阅读能力，并从文学中领悟西方文化的精髓。除了外国名著外，英文歌曲、西方当地的杂志报纸等都可以作为阅读材料，在学生阅读结束后，大学英语教师还可以指引学生开展读后感写作训练，让学生在读写结合中加深对英语文化的感知。

6. 强化文化学习评估

为了定期考核学生的英语学习情况，学校都会定期进行教学测评，为了更好地推行大学英语的跨文化教学，建议在考核中加入对西方文化的理解测试，以此提高学生对于英语文化学习的重视力度，促进大学英语跨文化教学水平的提升。

大学英语教师可以将文化测试和语言测试相结合，在测评体系中增加跨文化学习考核，督促学生多了解西方文化，多运用英语传播中国传统文化，主动获取跨文化知识，提高学生的跨文化意识。总之，不管是从职业发展还是未来规划的角度考量，学习跨文化交际对于大学生来说是必不可少的，学校更应当将这部分的学习内容进行优化调整，全面提升教师的跨文化教学水平，促进学生更加灵活地应用英语进行沟通交流。

第三节 大学英语跨文化教学能力培养及策略运用

一、大学英语教学中的跨文化交际能力培养

不同文化的差异性构成了世界文化的丰富性,也给多种文化的良性发展提供了更多可能。中国文化重礼仪,重谦卑,西方文化更注重平等;中国文化重饮食,对于食材的选择和烹调手法都非常考究,但西方文化则将饮食作为一种社交手段,在宴会的礼仪方面特别讲究。每一种文化都能从与他国文化的对比中意识到自身文化的优势和缺陷。为了避免因文化差异性可能导致的沟通障碍,甚至矛盾误解,就必须拥有较好的跨文化交际能力,这也是促进国际合作,促进国际友谊的重要举措。那么针对当代大学生应当从哪些方面入手提高其跨文化交际能力呢?

1. 语言能力

语言能力（Language Proficiency）就是语言的实际应用能力，是你在真实世界中运用这门语言获取信息、达到沟通目的的能力。这个能力一共包含三个层次的意思：

（1）语言的实际应用能力

实际应用能力并不是刻板地积累词汇量或是背诵知识点，语言更像是一门技能，看得懂英文音标，不代表能流利地阅读英语，熟记句型句式，也不能保证在英语环境中能够灵活运用。基础知识的积累固然重要，但想要培养学生的英语语言能力，不能光靠积累词汇量，而在于能不能熟练地运用于生活，切实地为我们的生活带来帮助。举个例子来说：你学习了英语的12个月份，从周一到周五的名称，以及周边商店的类别，这是你学习到的知识。可是怎样将这些英语单词串联起来，用英语约朋友出去玩，商量吃什么，能够很轻松地进行交流对话，这就是技能。

我们很多人学了10年英语，可是一面对外国友人时，又成了"哑巴"，这就让英语学习丧失了实用性，没有实现知识向技能过渡的转变。

（2）在真实世界中解决问题的能力

翻开英语教材，我们很难在课本上看到口语化的内容，教师传授给学生的也是模式化的语言。"去地铁站的路怎么走？""直走左拐。""你好，我叫李雷，请问你叫什么名字？""我叫韩梅梅。"但在西方的现实生活中，不会这么刻板地说话。

大学英语教师在教学中和学生练习的语言、使用的教学语言称为"Performance"；而在真实世界沟通使用的语言则称为"Proficiency"。

让大学英语教师把真实的外语世界直接搬进语言教室是不现实的，但大学英语教师完全可以借助网络媒体上鲜活丰富的语言情境，选取一些与生活息息相关，让学生们具有代入感的沉浸式语言信息，在课堂真实情境还原进行模拟讨论。

（3）随机应变的能力

衡量一个人的英语语言能力，不是看他积攒了多少词汇量，更不是看他记住了多少种句式，而是要看他在真实的环境里，需要用英语语言解决眼前问题的时候，脱口而出的表现。面对应试教育的大环境，学生在课堂上学习的词汇和语法规则都相对刻板，就像是提前写好的台词稿，只能按照剧本演练。但凡对方做出点"即兴表演"就立刻招架不住。

要想锻炼学生在英语学习中的应变能力，就应当从提高教师本身的素养开始着手，教师能够根据学生自身的学习程度，模拟真实语境进行天马行空的谈话，通过灵活地回答教师的问题，来锻炼学生的英语应变能力。我经常会听到很多大学生的反馈，说自己学了这么多年英语，语言能力为什么还停留在初级水平，背完的单词没多久就忘，语法句型单独拿出来会写，可一放在阅读理解或者英语习作中，就立刻忘得一干二净。平时相关的英语书籍和英语新闻杂志也并不少看，也能看懂，可真到了实际应用中就又成了"哑巴英语"。

其实能读懂英语报刊材料，并不代表学生的语言能力已经达到了这个水平，知识和技能是两码事。要想知道自己的语言能力是否与当前正在读的英语读物匹配，有一个检验方法，就是把正在读的文章盖起来，再看看自己能不能用一些原文的表达方式复述刚刚读的内容。如果语言质量大打折扣，只能简单说个大概，就说明真实的语言水平比这篇文章至少要低一个层级。停留在自己现在的水平一直重复着缺乏挑战的练习（初级→初级），或是跳过你的目标水平去攻克更难的内容（初级→高级），语言水平都无法有效地提高。

2. 交际能力

良好的人际沟通能力是人类生存和发展的必要条件。沟通是我们从睁开眼到睡前结束一天的行程做得最多的事，买东西跟商家需要沟通，在学校跟同学、教师需要沟通，在家里跟父母、长辈需要沟通，有时候人际交往出现矛盾时，我们更需要用沟通来化干戈为玉帛，可见沟通在日常生活中的重要性。在当前时代，面对激烈的竞争和日益强大的社会心理压力，如何认识和正确处理人际交往中存在的问题更成了当代大学生最头痛的难题。因为相比于中学生，大学生的人际交往更为复杂，也更加广泛，更具社会性。

大学英语教学对于即将踏入社会的大学生来说更是拓展交际面的一个重要手段，特别是在面对跨文化交际时，如何提升学生的交际能力也成了教师们的一大课题。跨文化教学中的交际能力可以理解为对潜在语言知识和能力的运用，这其中包含以下四个方面：

形式上的可能性：也可以称之为语法性，即分析和判断句式用法是否符合语法规则，是否在形式上可能。

心理上的可行性：也可以称之为适合性，是指语言的特定形式能否并在多大程度上付诸实施。我们在学习英语的过程中，学到的句式句型是刻板的，但在日常运用中，有些句子虽然符合语法，但很难被人理解，因此要求学生对于这些晦涩的句式有个心理上的预判。

语境上的得体性：即语言的运用适合于特定的交际环境。即便在中文环境，我们说话也需要注意场合，英语亦是如此。

交际中的实现性：也可以称之为实际操作性，指在实际使用情况中，是否并在最大程度上实际运用了。

总结来说，跨文化交际能力涉及语法能力（可能性）、语用能力（可行性与得体性）和话语的判断能力（实现性），把语言能力、语言运用和社会文化语境三者有机地结合在一起，把研究对象从"理想的完美语言状况"转变为"现实生活中的语言现象"。

外语教学是一个社会现象，随社会进步和世界政治经济形势的影响，通过满足学习者的未来职业需求服务于社会。如今，国际文化交流合作日渐紧密，外语教学的内容也随着需求不断调整教学大纲。大学英语教学只有将语言和文化相互结合起来，才能让教学体系成为一个有机结合体。

二、大学英语跨文化教学策略运用

从欧盟建立至今，全球化进程的发展速度已推动着世界进入了一个新纪元，全球化被赋予了更为宽泛的定义，不仅是政治上的融合，各方势力都被更多的利益关系相互牵制，经济和政治的融合比较容易让人察觉，而文化的渗透和侵蚀就相对隐秘得多，在经济全球化的背下，我们能够感受到来自世界各地的多文化渗透。这种世界文化多元化的迅猛发展也让我们对大学英语教学中的跨文化能力提出了新的挑战，加大跨文化教学力度，培养学生跨文化交际能力更是迫在眉睫。

1. 加强教师的跨文化训练

学生进行跨文化训练的目的主要有二个：改变个人思想、改变个人情感反应、改变个人行为。

改变个人思想就是改变对异国文化过度简化的思考方式，从客观且虚心的角度，摘掉对异国文化的有色眼镜，能够从他国的角度来理解他国的思想及文化。只有从心底里打开接受异国文化的大门，才能真正地领会到异国文化的可取之处，取其精华。

改变个人情感反应就是从情感的角度，在国人与异国人进行交流互动时建立正面的情感。当我们接触一种新的事物，特别是一种截然不同的文化和思想方式，出于自我保护机制，我们会产生一种焦虑感，改变个人情感反应就是指导学生能够容忍、欣赏，甚至接受文化差异的心态。

改变个人行为以便有足够的能力与来自不同文化的人建立良好的人际关系，确保自身在异国的工作环境中，能够调试好自身状态，展现出良好的工作表现力，与异国人沟通时能够传达无误，并可以协助他人之间建立良好关系。

要想达到以上三种目标，就需要大学英语教师具备深厚的语言功底和较强的交际能力，拥有丰富的教学经验，能够因材施教，针对不同学生的英语学习能力进行有机的调整，摸清真正适合学生的教学规律。但反观当下大学英语教学环境，师资力量薄弱且教师的文化知识和交际能力薄弱是目前迫切需要解决的一大难题。为了保证跨文化教学的有序进行，学校必须针对教师开展跨文化培训，强化教师对跨文化教学的重视力度，提高教师的跨文化素质。

教师只有对语言、文化和交际三位一体的密切关系有了更深入的理解，清楚意识到提高学生跨文化交际的重要性，不断提升自身的文化行为，明确文化教学的目的，并能够合理选择并补充相关教学资料，才能采用更加科学有效的教学方式进行跨文化教学。那么采用何种方式才能提高教师的跨文化交际能力呢?

(1)文化培训

通过开设讲座、案例分析会议、录像、戏剧表演、辩论活动等方式,由培训者向受训教师传授英语文化等各方面知识,这属于一种较为传统的文化培训方法。

(2)归因培训

韦纳的归因理论是关于判断和解释他人或自己的行为结果的原因的一种动机理论,应用在大学英语教师培训上就是以英语国家的价值标准对社会行为和举止言行进行归因解释,让教师准确掌握英语国家文化的价值标准,有助于移民和旅居者更好更快地融入英语国家的生活环境中。这种培训常常采用文化模拟的方式,为受训教师构建一个相对真实的语言环境,加深对英语国家文化的认知。

(3)文化意识培训

意识就是对认识的认识,文化则是对一个群体的认识,那么文化意识就是对群体认识的认识。简单来说就是对于文化重要性的认知,懂得文化对个人、国家乃至世界的发展带来的巨大效益。其实,想要认识一种文化是很简单的,但想要意识一种文化极为困难,这是因为文化同人一样,是不断成长和变化的,很难抓住其规律,但人的认识一旦形成,就很容易产生固有印象,去影响我们辩证地看待文化的发展。

对于大学英语教师的文化意识培训就是为了让受训者充分了解英语背后的文化差异,树立文化相对论的思想。培训方法通常借鉴文化人类学的研究成果,以英语文化和本国文化的实际案例进行对比分析,来增强受训者的文化意识。

（4）认知行为调整

这是一个利用学习理论来解决跨文化差异中一些特殊问题的方法。受母语负迁移现象的影响，当接触到一种全新甚至截然不同的价值观时人们自然会产生冲击和排斥。那么针对这些让受训教师感觉困难的英语文化特点，可让教师列举出自己本族文化中应当被表扬或者惩罚的活动，然后帮助受训者对相同活动在目的文化中的不同反响进行分析学习。

（5）体验式学习

这种培训方式就很好理解了，为了让受训者完全沉浸在目的文化的氛围中，将自身的情感、行为和认知等各个层面的因素完全调动起来，可采用实地考察、情景联系、角色带入等体验式学习方法，使受训者更加身临其境地体验和学习，加深记忆点，学习效果也更好。

（6）互动式学习

为了加强大学英语教师的跨文化交际能力和跨文化教学能力，需要加强教师自身的综合素养培训。互动式学习就是通过将受训教师与目的文化群体的人或有丰富跨文化交际经验的人召集在一起，开展一些互动活动，来帮助受训教师更多地了解目的文化。这里可以倡导对大学英语教师进行定期的交换生学习，或者聘请外籍教师进行交流学习。

大学英语教师的跨文化能力培训是一个漫长且艰难的过程，更是需要由外语教学、文化学、社会学、跨文化交际学等许多学科的专家共同努力才能完成的，想要通过几次的培训就能看到成效更是不可能的。所以教师培训的重点要放在能让教师学会自我提高的方法之上，让教师自主、自发地去学习创新，这样才能多管齐下，提升当前大学英语跨文化教学的水平和能力。

2. 语言与文化有机融合于课堂教学

说完了如何提高大学英语教师的自身素养，我们再来谈谈如何更好地对学生进行跨文化教学。

（1）反思教学

古人云"吾日三省吾身"。大学英语教师更应当以此当作教学的座右铭，反思教学是教师针对自己的教学所作的理性思考，目的是发现教学中存在的问题和不足，为今后的教学提供经验和启示，只有在教学中不断反思，才能精进自身的业务水平，对于跨文化教学来说，教师反思教学的意义重大。

首先，大学英语跨文化教学也是一种崭新的教学思想，也处于一种初试阶段，通过反思，教师对自己的教学模式和教学态度进行自我批评，不断更新教学理念及思路，才能更好地成长。

其次，反思也是自我认知的一个过程，通过反思教师能够发现自身的短板，不断提高自身的综合素养，语言能力和文化能力的形成并不是一蹴而就的，而是需要不断更新学习的，教师在进行跨文化教学中，设计教学活动、准备教学材料、导正学生思想的过程，其实也是教师自身知识和能力不断发展完善的过程。

最后，反思能够让教师总结并回顾在教学的不足，查缺补漏，发现问题并及时解决更正。教师还可以通过参加各种学术交流与教学言谈活动，与其他大学英语教师一起探究解决问题的方法，分享自己的教学心得。

（2）增重语篇与语法的文化分析

语篇（discourse）一般用来指文章、会话、面谈等比句子更大的语言单位（a unit of language above sentence），是使用中的语言（language in use）。简单来说，能表现概念之间的联系，并且需要经过分析之后才能理解其含义、功能的语言形式就是语篇。

举例来说，一件大衣图片下面标明"coat"，这种带有直接对应关系的不是语篇。但如果教师在向学生们展示一幅肖像油画时说"A scientist"或者"This is a scientist."的时候，前者就是词汇语篇，后者就可称为句子语篇了，因为当听到这个词组或句子时，学生需要通过分析来辨别教师所要表达的真正含义。还有一点需要注意，并不是只有写在纸张上的才叫语篇，其他多种媒介的表达方式都可称为语篇，一般来说语篇可按以下四种类别进行划分：

①按照长度来分。可分为词汇语篇、句子语篇、语段语篇、短篇章语篇、长篇章语篇。

②按照信息交互方式来分。可分为静态语篇和动态语篇。真实发生的对话，语言内容和形式往往依据情境和语境发生变化，是动态语篇。独白和用文字记录下来的对话，是静态语篇。教材上的对话文本，是静态语篇。

③按照呈现方式来分类。纯语言语篇（可能是有声语言，也可能是纯书面语言），图文语篇（如配图、图文结合、图表，也包括有视频相配的语篇，比如影片下方的字幕）。

④按照信息连续性来分类。可分为连续语篇和非连续语篇（如表格、图式、路标、广告等）。如果将表格或者图示口头解说出来，就是连续语篇，如果用文字将这个解说记载下来，又得到了连续语篇的

文字稿。

语篇与文化有着密切的联系，不同文化的人所使用的、制造的语篇是不同的，不同的语篇也会建构不同的个人经验和社会现实。只有从文化的角度分析不同语言的语篇修辞模式，才能真正理清语篇与思维模式之间的关系。

大学英语教师在进行语篇教学的时候，应当把文化教学作为教学重点，可以给学生设计课程任务，这既能丰富课程内容，还能引导学生多去了解西方思维模式、价值取向等，增强学生的跨文化知识体系。

大学英语教师在课堂教学时应当注意将时态、语序、句子结构进行区分，通过对比英语语法和汉语语法，让学生明确不同语言文化的思维差异，实现语法教育与文化教学相结合。

（3）加强词汇的文化教学

词汇是文化的重要载体，更是跨文化教学的一个重要组成部分。学习英语离不开词汇，词汇就如同建房时所用的砖瓦，是最基础，也是最不可缺少的材料。词汇主要包括单词、词组、习语（成语）、谚语及警句，要想提高学生的听、说、读、写能力就应当从提升学生的词汇量着手。在跨文化教学中，词汇和文化的关系更是相辅相成，它标志着一个民族的语言、文化、习俗乃至整个语言群体的思维模式、价值观、文化环境及生活习惯。

词汇的差异性主要体现在以下三种情况：形式相同，意义不同；意义相同，形式不同；同形同意，分布不同。教师只有在课堂教学中帮助学生充分理解词汇背后的文化内涵，明确词汇的使用范围，才能够让学生在真正的语言实践中，恰当且准确地使用英语词汇。

词汇的文化意义，也可以称之为词语来源，使用语境以及使用该词汇的注意事项。教师在进行词汇教学时，应注意将词汇背后的文化渊源、历史因素、社会内涵融入进来，以此来实现词汇与文化教学的有机结合。

（4）加强听说教学过程的文化教学

任何一种语言学习都是为了在实践中更好地服务于使用者，学习英语更是为了满足当下世界多元化的文化交流与发展，让进入职场后的大学生们能够流利地使用英语进行跨文化交际。但需要注意的是，听、说能力都是要建立在实际内容的基础上，也就是说素材需要来自真实生活，能够切实地反映他国文化内涵，这样的听说练习才真正具有实际意义。因此，大学英语教师在设定课程教学大纲时，需要将文化教学与语言教学相互结合，拓展学生文化知识面的同时，提升其跨文化交际能力。

在中文的大环境下，我们都会说中文，可是为什么还是有很多人不懂交际，不懂在什么场合应当说什么话。中文交际需要技巧，跨文化交际对于技巧性的要求也更强，能说并不代表会说，会说并不代表懂说。如何训练学生的跨文化交际能力就是要从日常的教学活动着手，利用课堂内听说实践，将非语言交际技巧、交际策略融入学生语言交际能力培养的过程中。教师可以实景创造出一些场景，利用角色扮演、实景带入、图文结合等方式来诱导学生进入真实的语言环境，用沉浸式的教学模式加深学生对于技巧的掌握。

（5）加强写作教学中的文化教学

思想是创作的灵魂，文字创作更是以个人世界观为指导，通过对现实生活的观察、体验、研究、分析、选择，提炼生活素材来进行塑造的艺术行为。受生长环境影响，学生在英语习作时难免会带入传统的固有思维，包括中式化的修辞手法、引用方式、谚语的使用等。因此教师在写作教学中，应当引导学生深入探讨不同语言的深层文化根源，实现写作教学与文化教学相结合，通过对比中西方思维方式的差异，来体会跨文化交际实践的真正含义。

（6）运用案例分析加强跨文化交际技能训练

充分、精心的教学设计是教师提高课堂质量的前提，随着新课程改革的推进，教学案例的重要性也越来越被教师们所关注。什么是案例？案例是指发生在课堂教学过程中的典型事例，一般都具有代表性或重大意义，详细记录了课堂教学生引人思索的部分，教师通过分析案例查缺补漏，找到自己课堂教案中的不足，不断梳理完善。可以说案例分析是教师专业成长的阶梯，"前人栽树，后人乘凉"，从案例分析中，教师能从其他优秀教师的教育策略、决策判断中摘选适合自己的方式方法，通过教学实践总结，再提出新的建设性思路。这种教学方式也被称为案例教学法。

案例教学法起源于1920年，由美国哈佛商学院所倡导，当时是采取一种很独特的案例形式的教学，这些案例都是来自商业管理的真实情境或事件，透过此种方式，有助于培养和发展学生主动参与课堂讨论，实施之后，颇具绩效。案例教学与一般传统的理论基础授课相比，对于大学英语教师的要求更高，因为在课堂教学中，教师并不是刻板地讲解案例中的知识点，还要深度分析案例，针对问题进行讲解，引导学生开展讨论，对出现的不同观点及时导正评判。这些都要求教师将案例和相关知识点烂熟于心，唯有广博的知识和较强的逻辑分析能力才能够驾驭案例教学法的课堂剖析。

在跨文化教学的课堂上，教师要进行案例分析一般要遵循两大原则：

第一，注重案例选择的关联性和针对性，也就是说案例的内容不能脱离教学大纲中的知识点，要与课文主题紧密相关，这样才能确保教学体系的完整性和统一性。

第二，案例分析要循序渐进。教师要将案例分析的主动权交给学生，先提出问题，再展示案例，引导学生带着问题阅读，阅读之后再进行分析，通过分组讨论得出结论，最后才由教师得出结论，并针对学生提出的问题逐个分析，加深学生对于案例中所包含知识点的理解度。

大学英语跨文化教学中的案例分析，可以采用实景训练的模式，教师和学生在本土文化和异国文化中变换角色，案例的内容可以很广泛，可以模拟多种学生在日后可能遇到的跨文化交际场景。教师通过角色变化和不断的解读调整，引导学生身临其境地从一种异文化的思维角度去表达自己的观点。

案例分析是一个综合训练的过程，教师通过阅读案例能够让学生在汲取文化知识的过程中，训练其口语技巧能力；分析案例能够带动学生思维能力和判断力；分组讨论则是提升学生语言综合运用能力和交际能力的重要手段；得出结论则是训练学生归纳、概括的能力；教师的总结则确保了知识的准确性，为整个案例分析的教学过程画上圆满的句号。

3. 创设课外文化学习环境，培养学生自主学习能力

大学英语作为一门公共基础课程，对于每位大学生来说不管是从未来职业规划来说还是当前社会发展趋势来看都是极为重要的课程。

可反观当下大学英语的教学现状却存在班级规模大、学生英语基础参差不齐、办学设施落后、师资力量薄弱等多种困境，要想学好大学英语，就绝不能完全依托于学校和教师，必须养成自主学习的能力，提高学生对于大学英语重要性的认识和紧迫感。

什么叫自主学习？我们也可以将其称为"对自己学习负责的能力"，这种能力主要体现在以下三个方面：

第一，能够对学什么、为什么学及如何学做出选择；第二，能够做出适合自己的学习计划；第三，能够评价学习效果。

从本质上来说，自主学习就是让学生自己对于学习过程和内容进行辩证性、批判性思考，并能及时调整，独立行动的能力。大学英语教学的主体应当从教师的"教"转变为学生的"学"，但这并不意味着，教师在这过程中可以当个"甩手掌柜"，对学生的学习过程不闻不问，而是改变自身角色定位，从教学主体的位置退居到辅助学习的位置，教师施展职能的时间也并不只在课堂，更应当将关注点放在课后，传授学生自主学习的方法和策略，督促学习。帮助学生了解自身学习情况，并制订出合理有效的学习计划。

在大学英语跨文化教学中，教师需要从以下三方面着手锻炼学生的自主学习能力：

首先，态度方面。只有学生从心底里真正意识到了学习英语的重要性，才能从内而外地产生一种内部驱动力，才能促使自己去学习。教师需要时刻向学生们灌输跨文化交际对于学生的重要意义，保证学生能够独立地完成自己的学习任务。

其次，能力方面。学生光有了学习动力和意识是远远不够的，教师还要帮助学生"对症下药"，找到学生当前学习的薄弱点，逐点击破。有的学生词汇量积累得很多，但是应用在句式句型中就分不清应当摆放的位置，这时教师应当从根本入手，基础理论加实践操作，不如多列举些案例或者直接为学生创造实景训练环境，加深学习者对于知识点的印象，锻炼其灵活运用能力。

最终，环境方面。环境因素影响和制约着学生综合运用语言能力的发展。因此教师应当将自己当作教学环境中的信息传媒体，发挥调动教学环境的能动性，组织课外活动、开展英语学习对话训练、鼓励学生自主学习英语的积极性。

明确了教学目标和大方向，我们再从实际操作出发，说一说教师到底怎样做才能培养学生的自主学习能力，提高跨文化交际水平。

（1）增加课外文学作品阅读

纵观当前的大学英语教育环境，不管是采用多媒体教学模式还是实景训练，教师都无法细致完全地还原西方国家的风土人情、文化氛围、价值导向。这时外国文学作品的重要性就凸显了出来，首先外国文学作品的创作者都是异国本土居民，作品中也直接将当地的文化内容、风俗习惯及思维模式都体现出来了。学生完全可以通过这些优秀的异国作品去体会一下当地的人文风尚、文化背景等。教师可以定期组织文学作品赏析讲座、英美文学知识竞赛、外国文学读书报告等课余活动来配合促进学生的课外阅读，检验学生自主学习成效，以此来提高学生的跨文化交际能力。

（2）观看英语影视作品

词汇、短句、固定用语这类不带有感情色彩的语言符号比较能够直观地翻译出来，但文学作品融合了作者思维方式，就像中文创作中类比、拟人、环境烘托等写作手法很难用英文准确地翻译出来一样。

即便是词汇量丰富，读写能力强的学生都无法完全领会国外文学中晦涩难懂的部分，这时另一种媒介——影视作品的优势就凸显出来。

美剧、英剧为何潮流不断，即便是毫无英语基础的人都可能看得津津有味，除了剧情设定本身就极具吸引力外，演员的肢体语言、面部表情、情感流露都给枯燥的文字创作增添了色彩，并且电影本身就能真实地反映该国家的历史、地理、生活习俗等文化信息，让学生们通过视听感官和心理感应去感受和体验异国文化。

因此近几年很多大学教师都会在多媒体课程中播放英语影视作品来调动学生的英语学习积极性。

（3）通过正规网络渠道结交外国友人

经常会听到学生们吐槽，看移民去国外的小朋友都能说一口流利的英文，自己学了20年英语却还是"哑巴英语"，这就是语言环境的力量。拥有良好的英语环境必然会促进学生的英语学习，但现实中大学生们很少有场合和机会开口说英文。因此教师可以倡导学生通过互联网交友的方式，通过正规网络渠道或App结交外国友人，但一定要注意尺度，保有警惕和坚持底线。

（4）开设"空中英语大讲堂"，使跨文化教学超越时空限制

所谓"空中英语大讲堂"是发动教师录制英语文化知识讲座，通过校园调频发射机发射频点利用早晚和中午的时间滚动式播放，学生在校园范围内，通过调频收音机和耳机就可以收听的一种课外英语学习。这种学习可以不受时间和空间的限制，学习内容可以无限扩充，且趣味性很强。

第四章 大学英语教学的未来发展方向研究

第一节　互联网时代下大学英语教育发展概述

一、互联网时代下大学英语教育的优势

1. 教学模式新颖

科技的发展给我们的日常生活带来便捷的同时也给教育界提供了多种可能，从前在大学英语教学课堂，教师只能单纯依靠课本进行教学，或者用录音机播放英语磁带锻炼学生的听读能力。如今在互联网时代下，大学英语教学模式得到了很大突破，教师不仅可以开展线下英语教学工作，而且可以利用互联网为学生打造线上英语教学课堂。对于学生来讲，他们既可以在英语教学课堂上学习英语知识，又可以在课堂外应用互联网预习、复习巩固知识。学生的英语学习活动突破了时间、空间限制。在这种情况之下，学生英语学习效率与质量得到了很大提高。

2. 双向传播英语知识

传统的大学英语教学模式,在课堂上教师和学生很难有机会进行实时的沟通互动,为了利用有限的课堂时间传授更多的知识点,教师也很少在课堂上进行提问,即便是提问,学生也并不愿意参与到教学活动中来,课堂氛围较为死板。

教学失去了生机,学生也就自然丧失了兴趣,这对于提高学生英语学习质量是极为不利的。如今在互联网时代下,教师可以通过互联网与学生进行沟通、交流,教师还可将面授课程录制成网络课程上传到学校网站,可供学生们利用课余时间随时温习。网络课程不受时间和地域的限制,学生对于知识点讲解存在疑问的部分也随时可以利用私信或者评论区留言请教教师。互动交流有助于提高学生解决英语问题,保证学生英语学习质量。

3. 提升英语教学质量

想要学好、学精一门语言一定是一个长期坚持的过程,传统的面授课程的教学时间有限,为了完成课时,教师很难在课堂上留给学生消化吸收的时间。久而久之,知识点堆叠得越高,吸收的程度越少,这会大大削减学生对于学习英语的热忱和积极性。那么教师如何在保质保量完成教学任务的同时,提升英语教学质量,增强学生英语学习能力。

这就需要教师借用互联网的力量,将教学课堂从教室延伸到互联网,除了发布课程视频可供学生们课余使用外,还可倡导学生多看一些英文纪录片、英文电影或英文新闻,提高学生的自主学习能力,更多地去了解西方文化背景及人文风情。

4. 增进师生之间的情感互联

师生关系是指教师和学生在教育教学过程中结成的相互关系，包括彼此所处的地位、作用和相互对待的态度等。受传统教育模式的影响，师生之间的关系总有着那么一层说不清道不明的隔膜，甚至有些学生将教师置于自己的对立面，都说教师是"人类灵魂的工程师"，如果学生连内心都不愿向你敞开，教师又怎样顺利完成好教与学的任务呢。

班级就像一栋房子，师生关系就是支撑这栋房子的顶梁柱，会直接对教学效果产生影响。正如陶行知先生所言："学校里面先生都有笑容，学生也有笑容，先生板了脸孔，学生自然都畏惧他。"诸多不良情感都泛化到学业上，就必然会影响到学生的学习兴趣和学习效果。

课堂是严肃的场合，更是传道授业解惑的地方，在紧张的授课压力下，教师很难有时间分心做到与学生的情感链接。在传统的大学英语教育模式中，学生与教师在课余更鲜少有沟通时间，这也造成了教师反馈的延迟。在互联网时代下，教师完全可以借助互联网与学生建立情感互联，做到课堂上是师生，学校外是挚友，只有拉近师生之间的距离，才能让学生自发地配合教师的教学工作，发挥更大的效力。

二、互联网时代下大学英语教育的教学策略

1. 面授与翻转课堂相结合

什么是翻转课堂？从字面上来讲，翻转课堂就是把课堂上面的一些教学安排翻转。依照中国人的传统教学方法，"教师上课——布置

作业——学生回家练习"的模式,在翻转课堂的教学模式下则变成了"学生在家完成知识学习——课堂上教师进行答疑解惑"这样翻转顺序的授课模式,简单来说,翻转课堂与传统课堂的核心不同点就是由"先教后学"向"先学后教"的转变。

2007年,美国有两位高中化学教师做了一个实验。当时,他们有些学生因为种种原因未能回校上课。这两位教师为了不让这些学生错过课堂内容,于是把上课的内容录成影片,让学生可以在家观看课堂内容。后来,不只是这些错过了课堂的学生,其他学生亦开始在家观看课程影片。

既然在家已经观看了教学的内容,学生回到学校之后又该干什么呢?两位教师就让他们在学校做功课。这就是翻转课堂最原始的模式——原来是上课时听课,下课后做功课。现在变成上课之前就已经听课,反而上课的时候做功课。把上课做的事情跟下课做的事情反过来,这就是翻转课堂中"翻转"二字的意思。那么这样的教学模式又有什么优势呢?

首先,翻转课堂改变了知识输入和内化的过程,更有利于学生对知识的理解。从输入假设理论的角度,我们可以把语言学习看作是一个"输入—理解—加工—输出"的过程。但在传统的教育模式中,教师将更多的精力放在知识的传授上,而忽略了学生的语言输出过程,更无法了解学生知识内化的程度,也就无法及时导正。但在翻转课堂的模式下,学生会提前观看教师所要授课的教学资料,将需要学习的内容反复观看,不断地将知识内化。在课堂上,更是将教学的主体交还给了学生,学生可以分组讨论,提出问题,将内化的知识输出。在输出的过程中,教师针对学生理解出现偏差的知识点进行及时纠正,将所需要学习的知识再次内化。在翻转课堂中,学生变成了学习的主人,老师从讲台上的权威变成了学生身边的指导者。通过"问题引导—观看视频—问题解决"的流程使教学知识多次进行内化,使学生掌握正确的知识概念。

其次,翻转课堂的灵动性不仅能够带动学生学习的积极性,还能够转变教师刻板角色,实现从知识传授者、课堂管理者到学习指导者和督促者的转变,学生也从原本的被动摄取知识到主动研究知识,让学生能够根据自己的英语基础和学习习惯来掌握学习进度,在交流和探讨中,不断内化知识点,让记忆更加牢固。在互联网时代,面授与翻转课堂相结合的方式更加有助于学生构建完整的知识体系。

2.建立大数据自主性学习平台

(1)利用大数据学习平台建立多维度评价体系

教育讲求"对症下药""逐点击破",教师在不了解学生的情况下,又怎么能制定出真正适用于每位学生的教育策略。因此,在大学生入学之初,教师可利用网络大数据平台向学生们分发电子测验卷,针对阅读、听力、口语、写作等方面对学生进行一个初步的摸底测验,综合评判学生各个维度的优势及劣势,生成学生的综合评分,并通过柱状图、网状图等方式更加直观地呈现给教师和学生。教师可根据摸底测验,初步判断学生的英语基础水平,并针对不同程度学生的薄弱之处,进行难点攻破,让教育直达学习痛点。

(2)制定个性化学习方案

每个人都是与众不同的个体,对于学习来说,每位学生也有着属于自己的学习习惯和学习兴趣,教师不能在教育上实行"大锅饭",

在教学大纲的设定上一定要因人而异。

①就像健身教练会根据不同学员的体重、体脂、体能进行目标设定一样，大数据学习平台也可以根据摸底测验的综合评分划分学生基础等级，并根据等级制定相应的训练方案。只有真正适合学生学习需求的方案才能够带动学生的积极性，在学习中收获成就感，激发学习热情。

②训练方案中的练习题需要针对学生各项评测中的痛点进行推送，使用已有用户群过去的行为或意见，预测当前用户可能会对某些方面的事物感兴趣。答题的对错并不排除学生蒙对或者盲猜这种情况，题虽然做对了，但并没有真正地读懂和理解文章，通过核算法预测出学生的学习难点，并推送相应的练习题来巩固知识点。

③找出学生易错的题型，由教师统一讲解。在个性化训练后，教师也需要通过周期性观察看学生是否出现群体性的知识盲区，平台可以通过社交网络算法，挖掘多个拥有类似特征的学生群体。社交网络算法最常用于社交圈子的识别，所谓物以类聚，人以群分，一旦能对社交圈子进行分类，能做的事情就会很多。简单来说，社交网络算法是为了探究学生和学生之间关系的算法，通过所做题型的行为数据而产生联系，然后将同类型人群归为一体。举例来说，通过社交网络算法，平台可以计算出完形填空差的学生可能是因为词汇量不足，并且计算出两者之间的相关性很大，通过网状图可以发现类似薄弱点的群体性现象，那么不管学生之前是否有做过该类型的训练题，平台都会为有类似薄弱点的学生推送相关练习题。总的来说，大数据算法的出现可以帮助学生精准地定位问题，识别知识盲区，提高学习效率。

(3) 建立问题反馈机制

在实际工作和生活中，英语口语的位置其实要比丰富词汇量、背更多的句式句型要更加重要，特别对于即将踏入职场的大学毕业生来说，在同等水平的基础上，如果你的英语口语和表达能力更好，就能够为你的简历加分，获得更多就业升迁机会。除了口语表达能力，书面语言表达能力也极为重要，也就是写作能力。写作能力主要包括两种：一是用词造句、布局谋篇的能力，即语言表达能力；二是观察事物、分析事物的能力，即认识能力。可以说写作能力是学生认识水平和英语表达能力的综合体现。

那么如何借用大数据平台锻炼学生的口语及写作能力呢？在自主性平台中，学生可以将自己的文章上传到平台，先由平台检查程序性的语法及标点符号的错误，然后由教师对文章整体结构进行句式分析及点评。线上沟通的方式，让学生与教师之间的互动更为快速、便捷。即便教师没有实时回复，学生也可通过留言板提问的方式，将自己对于英文创作的难点倾吐出来，教师再利用课后时间进行线上答复，帮助学生解决问题，提高英语水平。

3. 学习效果的追踪及反馈

通过大数据平台学生的自主性学习，教师还需要对学生进行周期性测验，检验学生近期的学习成果，发现知识点的漏洞或学习方法的不足，查缺补漏，及时调整学生学习状态。与此同时，教师还可以通过大数据分析出各类别英语单项学生的学习情况，以校验系统预测的准确性，随时调整推送练习，并针对学习弱点制定新的教学方案，引导学生转换思路完善自己的知识体系，提高学生的英语综合素质。

三、互联网时代下大学英语混合式教学模式的实践途径

什么是混合式教学？就是要把传统学习方式的优势和数字化、网络化学习方式的优势结合起来，二者优势互补，从而获得更佳的教学效果。换句话说，混合式教学可以充分发挥教师和学生的自主性，更能充分体现学生作为学习过程主体的主动性、积极性与创造性。

从混合式教学特征来看，从外在表现形式上是采用"线上"和"线下"两种途径开展教学的。但这里的"线上""线下"并不是我们所说的面授课和网络课这么简单，开展混合式教学模式的目的也并不是扩大建设数字化的教学资源，让教师和学生将教学阵地转移到在线平台，而是尽可能最大限度地发挥教师的引导、启发及监控教学过程的主导作用，并充分体现学生在学习过程中处于主体地位的基础上，依据学习和教学的规律去实现提升学生学习深度的目标。

"线上"教学的设定并不是为了辅助"线下"教学的开展，而是教学的必备活动，"线下"教学也不是传统课堂教学活动的照搬，而是在"线上"教学的基础上开展更加深入的教学活动。准确地说，这种"线上""线下"的混合教学模式是狭义上的混合，并不涉及教学理论、教学策略、教学方法和教学组织形式等其他内容。

混合式教学模式在改革上没有特定的章程和规定，教师以最大限度地发挥"线上""线下"的两种教学优势来改变传统教学模式中的种种弊端，如学生自主学习能力差、认知参与度不高、学习进度参差不齐等情况。因为结合了"线上"教学模式，所以这种教学模式不一定非要局限在课堂完成，"教"与"学"也从同时间同空间共同进行

转变成了多层空间灵活调整，拓展了传统教学模式的时间和空间。

在推进混合式教学模式时，教师应遵守以下四点原则：

第一，以生为本的原则。教师需要明确角色主体，把学习的主动权交还给学生，要有目的、有计划地与学生一起设计课程内容和教学活动，努力培养学生的自主意识、协作精神和创新能力。

第二，实践性原则。实践是认识的基础，只有在实践中找到知识的记忆点才能让知识汲取得更加牢固，形成瞬时记忆。混合式教学模式强调将教师的"教"和学生的"学"有机结合。教师要引导学生充分利用互联网线上教学平台，指导学生如何用科学的方法将理论知识与实践基础相互结合，并通过反复演练，将知识不断内化吸收。

第三，整合性原则。混合式教学模式融合了传统课堂教学和网络教学的精髓之处，这也要求大学英语教师在进行教学设计时，能够充分发挥出两种教学模式的优势，不偏颇，做到"一碗水端平"，在优化整合的过程中，重视完整知识结构体系的建立，既要强调专业知识和技能的掌握，也要加强情感、态度、价值观的塑造，让学生拥有更加完整的人格。

第四，评价性原则。在混合式教学模式中，要坚持评价性原则。通过教学评价，教师可以了解自己的教学目标设定得是否合理，教学方法和教学手段的运用是否得当，教学的重点、难点是否讲清楚，也可以了解学生在知识、技能和能力等方面已经达到的水平和存在的问题。观看教学评价的反馈信息，可以为教师判定教学状况提供数据。对于学生来说，肯定的评价也会激发学生的学习积极性，提高学习兴趣，否定的评价也能让学生及时反思自己的不足，以便纠正。

因此，教师在混合式教学的过程中，阶段性地利用科学的评价工具和方法，将教师自评和学生评价整合在一起，并面向全体学生，做到评价公开，及时反馈评价结果，充分发挥评价的诊断、激励和调节作用。

互联网时代下大学英语混合式教学模式的实践途径主要可从以下几方面进行讨论：

1. 教师自身观念和能力的提升

混合式教学模式融入了"线上"网络教学模式的精髓，自然对大学教师的计算机技能和网络使用技能有一定的要求。反观我国大学英语教学，承袭至今仍保持了老旧的面授教学模式，大学教师对于计算机、网络技术大部分属于"门外汉"，并不了解大数据平台的运作规则，更别提能够熟练地带领学生使用，这导致教师发展跟不上时代发展，这是绝对不可取的，更是给学生学习"拖后腿"的行为。因此，高校应当注重教师自身观念的转变和综合能力的提升。

教师只有从自身转变思想，明确混合式教学的先进性、可取性，并掌握一定的互联网知识，才能够将其精髓融入教学大纲中来。在日常教学过程中，潜移默化地将观念转化到课堂上，这样才能更快、更精准地提高整体课堂教学质量和教学效率，同时加快促进学生英语综合素质的提升。为了适应多种教学模式的推进和发展，高校应定期开展教师技能培训课程，举办实操竞赛、教学讲座等活动，并对其混合式教学模式的使用能力进行培训，定期考核。锻炼教师的应变能力，能够针对不同程度的教学目标灵活切换适宜的教学模式，为学生呈现出更加丰富、更加多样化的英语课堂。

2. 采取"线上+线下"课堂教学模式

上面我们讲述了混合式教学模式的特征及原则，那么从实践出发应当怎样实现线上教学和线下教学的无缝对接呢？

第一步，预习阶段。古人云，"凡事预则立，不预则废"，课前预习是一种良好的学习习惯，它能培养学生自学习惯和自学能力，有效提高学生独立思考问题的能力，可以说预习是学习新课的第一步，只有预习充分，才能提高听课效率。预习的道理很简单，假如你想了解一个陌生人，一定不会是见了面才了解，一定会通过各种侧面途径了解这个人的相貌、性格、爱好，让自己先有个模拟形象和对这个人的基本认识。这样等到真正见面的时候，你就不会只盲目地听对方说什么，而是根据自己的事先了解提出自己的疑问，找到对话的重点。学习也是如此，捷克教育家夸美纽斯说过："一切后教的知识都要根据先教的知识"，即理解新知识需要旧知识作基础。预习可以使自己发现旧的知识结构的薄弱环节，并在上课前迅速补上这部分知识，为听课扫除障碍。不经过预习的听课，只能是老师讲什么就听什么，分不清难点和重点，失去了听课的目的性和选择性。而预习后再听课，学生对于什么地方已学懂，什么地方还不会，已经心里有数。这促使学生把注意力集中在难于理解的知识上，从而加强了听课的目的性。

那么在预习阶段，教师就可以将事先准备好的课程相关资料及习题上传到多媒体共享平台，让学生们自行下载预习，对新旧知识有个基本掌握，在自主学习的过程中，将疑点、难点记录下来，以便在课堂上重点听这段的知识点，加深自己的理解，提高学生的课堂学习效率。

第二步，教学阶段。混合式教学模式要求"线上""线下"的有机融合，这就要求两种教学方式的可同时性，比如，教师在进行线下教学时，可以利用网络技术，融入多媒体教学方式，在课堂上配合知识点的讲解，播放相关视频、音频，这样不仅能够节省课堂时间，同时还可拓展学生的知识点，在丰富教学内容的同时，调动学生的学习积极性，有效提升教学效率。

第三步，复习阶段。在线下教学课堂上留给学生进行复习、练习的时间较少，为了不占用教学时间，教师可以将学生的复习任务转移到线上进行。每节课程结束后，教师将本节课的知识点进行精炼总结，并将课后练习题上传至多媒体平台，让学生自行下载复习，这样既可避免时间、空间带来的限制，教师还可以与学生针对课后习题进行实时问答，提升了学生的学习效率。

3. 多元混合教学模式的构建

随着大学英语教学改革的推进，广大英语教师也开始将目光转向教学模式的构建和研究，在多元化混合教学模式构建的过程中，主要有以下三种较为流行的教学模式，这些教学模式有机结合起来又形成了多元混合教学模式。

（1）以慕课资源为基础的翻转课堂教学模式

慕课，英文"MOOC"，是根据英文发音直接音译过来的词汇，这里的"M"代表 Massive（大规模），"O"代表 Open（开放），"O"代表 Online（在线），"C"代表 Course（课程）。英文直译"大规模开放的在线课程"，是新近涌现出来的一种在线课程开发模式。

慕课从 2008 年开始在加拿大兴起，2011 年至 2012 年，在美国多所名校如哈佛大学、耶鲁大学、斯坦福大学的积极推动下很快风靡全世界，中国的高校也于2013年7月加入被称为慕课三驾马车的Edx，Udacity，Cousera慕课平台。目前在国内，高校开设慕课的主要是清华、北大、复旦等重点高校，相比于传统教育的统一教学进度、统一教学目标，无法兼顾到不同学习者对课程的接受与理解差异问题。慕课的学习者在课堂更易集中注意力。一个人自主选择学习，可对不懂的地方多听几遍或者放慢，也可跳过比较容易的部分。

从师资方面上来看，慕课讲授者课程实际教学更加注重内涵，教师看待问题的视角、批判思维，以及整体设计都可以通过慕课展现出来。优质资源可以不受区域限制进行共享，促进全面学习、终身学习，让学生的学习方式变被动为主动，提高了学生自身的学习积极性。

翻转课堂的教学模式我们在上一小节详细介绍过，简单来说是指以课堂面授作为教学基础，再利用多种教学技术工具来实现教学流程的重组的一种较为独特的教学组织形式。在大学英语教学中，应将慕课资源与翻转课堂的教学模式统一起来，将教学的主体从教师的"教"转变为学生的"学"，着重培养学生的自主学习能力和实际综合运用能力。

运用翻转课堂的教学模式，教师需要在课前为学生们筛选适用的慕课学习资源，学生需要在课前完成观看课程视频、查阅电子资料、画出重点难点等课前预习工作，再在课堂上进行二次学习，深度内化知识，教师也由教育的主体转变为了辅佐者，增多了与学生之间的互动，学生参与的积极性高了，教师的教学水平也得到了提高。所以说，慕课的翻转课堂教学模式是一种优质教学模式，实现了教生双赢互利的教学效果。

（2）利用微课资源的翻转课堂教学模式

什么是微课？从字面理解来看，即微型或微小的授课模式，主要表现为话题单一，内容指向性明确，侧重于解决单一知识点的困惑。现有的呈现方式一般为手机 App 或者各大短视频网站。

微课与我们平时了解的授课模式不同，主要是针对一个难点进行分析讲解，突出问题的矛盾性，并配合这一课题结合相关测验题、点评反馈等辅助性资料逐一讲解，也就是说微课的教学模式着重解决的就是一到两个难点的问题，它的核心功能是有针对性地解决问题。关于微课的特点，主要总结为以下六点：

①短：微课的时长都比较短，一般 5~8 分钟，最长不超过 15 分钟。

②少：微课的核心内容较少，只着重讲解 1~2 个知识点，以解决问题为主。

③广：这个广是指微课的传播渠道和传播范围很广，可以借助短视频 App、学习网站、荔枝微课等传播平台，通过互联网让全国甚至是全世界需要学习的人观看。

④易：这里的"易"指简单、容易，我们每个人都可以将自己的观点录制成视频、音频文件上传到多媒体平台，形式也可根据自己喜欢进行多样化调整，比如授课录像、直播授课等方式。

⑤喜：微课的传播渠道广泛，内容又具有针对性及实用性，且形式新颖，因此相比于传统的授课方式，微课模式更加受到学习者的喜爱。凡是有学习需求的人都可以利用碎片化时间进行自主学习，受众人群较广。

⑥即时：由于课程呈现方式简单且传播快捷，教师能够很快收到学习者的反馈，并根据新提出的问题再次讲解，不需要准备过多的素材。

常见的微课类型可分为：工具型微课、知识型微课、产品型微课、技巧型微课、速成型微课、任务型微课、问题型微课、变化型微课。微课还包括微视频和微资源两大部分。微视频，是指将教学中的某个易错点或案例分析以小视频的方式通过网络分享给学生学习。而微资源则指代辅助微视频的教学资源，包括一些课件、练习等。与慕课教学模式相比，微课的内容少、时间短的优势，可供学生利用碎片时间结合慕课教学模式穿插使用，成为英语教学中不可或缺的模式。

（3）利用微信平台的大学英语教学模式

随着微信被越来越广泛地使用，各类微信群逐渐成了不同需要人群不可缺少的交流平台，无论是购物、聚会、学习，越来越多人开始使用微信群作为多方沟通的主要途径。利用微信平台的大学英语教学模式，就是教师通过创建的班级微信群与学生进行资料传输、答疑解惑、交流讨论等互动教学。

微信平台的好处很多，它依赖于移动端存在，只要有移动网络，都可以随时随地在线与好友聊天、传图、发视频、发语音等。便捷的沟通渠道也缩短了教师与学生之间的距离，学生在英语学习中产生疑问时，就可以发送到微信群中，教师也能及时进行解答，提高教学效率的同时，拉近了师生之间的距离。这种不受时间和空间限制的教学方式，能够更快建立起师生之间的互联渠道，让教师及时了解学生的学习状态，对学生自主学习起到一个监督、督促的作用，有利于学生知识的不断内化。

4. 课后反馈与综合评价

课后反馈与综合评价都可以采用混合式教学模式来完成。

（1）教师日常的教学是教师和学生之间进行各种信息传递的交互活动，这种信息交流进行的成效，是需要依靠反馈来实现的。课后反馈是师生双方围绕着教学课程和教学方式表现出来。教师需要通过课后反馈来确认学生的学习进度，反思自身教学模式上的漏洞，及时调整，学生也需要通过课后反馈来不断内化知识点，找到自己学习的难点和痛点，及时完善，提高自身的学习质量。但是课后反馈并不能仅依靠用眼睛看就能完全掌握教学过程中的漏洞，教师需要借助多媒体手段，引导学生利用音频记录或文档记录的方式进行自我总结。教师也以同样的方式分析课堂教学情况，让学生有针对性地进行改善提升。这样不仅能够节省课堂的反馈时间，还能够更加清晰全面地了解并记录问题。

（2）对学生进行综合评价有利于学生的全面发展，更是学生成长的动力和源泉。综合评价并不只关注"认知""结果"，更要重视"行为""过程"的评价。评价的主体也并不是单一的以学生为主体，加强自评、互评、他评，让学生积极参与到评价中来。综合评价能够清晰、全面地记录学生的学习成长，同时配合积极恰当的反馈方式，让学生对自我有一个更加深层次的认知，促进学生的进一步发展。在混合式教学模式中，综合评价也是教学过程中的重要环节之一，教师可借助多媒体网络平台，采用"线上总结""线下调查"的方式客观地对学生的学习质量、自主学习能力、课堂表现、课后练习情况等进行全面的评价，让学生能够对自身学习状态更加明确，对于平时缺乏的学习部分，及时调整，有方向地自我提升。

互联网时代下，混合式教学模式的发展给了大学英语教育新的可能，它改变了传统教学模式中教师单向传递知识的陈旧模式，在多媒体网络的基础上，不断创新丰富教学模式，实现教师从课堂上的主导者向学生学习的引导者转变。混合式教学模式提高了学生的自主学习能力，学习方式也不再局限于课堂。教师与学生也通过这种新的教学模式建立了情感互联，教师能够随时掌握学生动态，实时解答学生疑问，提升教学质量和自身教学水平，为学生呈现出更加精彩、生动的英语课堂。

第二节　大学英语教育改革的目的及理念

一、大学英语教育改革的目的

大学英语教育改革是势在必行也是刻不容缓的，这是所有英语教育工作者都认同的、一个没有争议的问题。中国的发展是迅猛的，在全球化的背景下，经济的全球化、教育的国际化要求英语教育要做出改变。我们需要不断培养并输送优秀的高质量人才，为了迎合跨文化发展需求，坚持大学英语教学改革，培养具有国际视野、通晓国际规则，能够参与国际事务与国际竞争的国际化人才是大学英语教育的目标，更是我们大学英语教师的职责所在。

大学英语教育改革的目的就是要为学生的个体发展服务，使其掌握并能运用英语从事跨文化交际和学术交流，来适应未来的职业需求和发展需要。

1. 培养全能型英语人才

大多数国家的高等学府，大学院校，都开设英语语言文学专业，仅在中国，就有一百多所大学设有英语专业或英语相关专业。计算机和互联网，也是建立在英语的基础上。此外，医学领域、建筑领域、文学领域，都与英语有极大的关联。

对于即将步入社会的大学生来说，从小形成良好的英语的听说读写的基础，对在相关企业迎接更为复杂困难的英语学习大有裨益，一旦毕业，选择英语类专业工作的成功概率会大为增加。比如，除了英语类专业之外，相关专业还有：国际经济法专业、国际贸易类、商务专业、医学专业、国际政治专业、历史专业、考古专业、传媒专业、舞蹈专业、财务专业、文学专业、师范专业、数学专业、工程专业、电子专业、生物技术专业、软件和信息技术专业等，都离不开英语的学习或国外文献资料的查阅，没有良好的英语基础，在这些专业领域是不会取得重大建树的。

从大学生未来择业的角度来说，拥有流利的英语口语或写作翻译能力，即便毕业后没有选择相关专业的职业，也可从事翻译、口译、英语教师、幼儿园教师、外贸行业等，可选择的职业范围较广。学生的发展就是教师的责任，我国英语教育必须紧跟时代发展，建立起新的大学英语教学体系，培养出能够适应社会发展需求的全能型英语人才。

可当前大学英语"灌输式"教学的模式刻板，学习英语的目的也仅局限于应付考试，这就违背了大学英语教育改革的初衷。学生真正应用于职场上的并不是积攒的词汇量，更不是笔试问答以及谁的语法语病更少，而是在跨文化交际中能够清晰流畅地使用英语对话交流，了解异国文化的精华之处，并能将本国文化宣扬出去。因此，大学英语教育改革的首要目的就是为社会培养出高质量、全能型的英语人才，使他们能够适应各个工作岗位，发挥自身的主动性，体现英语人才的价值。

2. 突出大学生主体地位需要

在应试教育的背景下，传统的课堂教学总是将信息的呈现和传递放在首位，相比于学生的学习成效更关注教师的授课技巧。课堂应该是学生获取知识的主阵地，教师应该更加注重学生对知识内化的过程，突出学生在课堂中的主体地位。美国心理学家罗杰斯说过："教师要做学生学习的促进者，当教师成为学生学习促进者的时候，关注的不是如何精心设计教案，而是课堂的组织和学生知识的内化方法。"因此教师如何组织课堂，促进学生积极主动学习，达成知识的自主构建是课堂突出学生主体地位的重难点。

（1）做好课前预设

新课程改革要求我们"用教材教而不是教教材"。这就要求教师能够在运用教材的基础上做出能动调整，拓展课堂空间和丰富课堂内涵。教师可以在课前先制定出一个恰当、具体、可预设的学习目标，进一步内化课标要求，为设定教材目标奠定基础，为学生学习制定恰当、具体、可测的学习目标。

（2）了解学情，发挥学生学习主体的基础

教育要因材施教，课程目标的改革都要在了解学生的英语基础之上拟定。教师课前预设是鉴于教师自己已有的知识经验，是否适合学生，必须进行课前调查，了解学生已有的知识经验，了解学生的学习习惯，再根据不同学生的英语基础制定学习任务。因此了解学情是发挥学生主体地位的关键。

（3）科学设计学习流程

大学英语教育改革的目的是更好地培养全能型人才，这一主体的目标人群是学生并不是教师。教师只是学习的领航人，引导辅助学生运用更加科学有效的方法进行学习。因此，教师在设计教学流程时，应该更多地将关注点放在学生身上，而不是自己教学技艺的提升。

如何设计学习流程，是教师理念转变的重要体现。教师应从教中心转向学中心，关注学生如何学习、怎样学习，关注学生知识的获取过程，更多的在于知识内化、素养的提升，而不是知识本身的课堂。

（4）优化课堂结构

教师需要真正地把课堂归还给学生，充分发挥学生的主体地位。教师在课堂教学时，可以运用创设情境、抛出问题，然后将探究的主动权交给学生，让学生发挥主观能动性，自由地进入自主探索的过程，最后再由教师对知识点进行归纳和总结，只有这样才能促进大学生成为掌握英语基础知识和融会贯通英语技能的全能型人才。

二、大学英语教育改革的理念

从文化传播的角度来看，全球化呈现两种发展趋势：一种是趋同，即朝着现代化的目标发展；一种是离散，即朝相反的方向突出民族性的方向发展。过去一个多世纪以来，在国际上，我们一直虚心接受西方先进思想，探求本国富强振兴之路。但如今，中国的强大让我们在国际上的地位日益提高，发挥着越来越重要的作用，可以说当今的中国再也不是被动地向西方学习，而是在引进技术的同时，不断向国际输出"中国制造"、传播中国文化。这就要求我国不断扩增人才队伍，打造创新型国家和人力资源强国。

（1）遵循以学生为中心的改革理念

教育改革的目的就是能够更好更全面地服务于学生，因此在实施改革的过程中绝不可忽视了学生这一主体。切实地从学生的特点和需求出发，教师可根据学生的不同专业和未来职业规划灵活调整教学大纲，培养学生的英语综合能力，多了解与专业相关的英语知识，为学生创造良好的学习环境。

当前大学生的就业形势严峻，很多企业特别是外企都比较看重求职者的语言能力和专业素养，对此高校更应该抓住计划，强化学生的个人能力。就业并不是从毕业那一刻开始的，准确地说学生大学四年的努力都是为了毕业后得到更好的就业机会，因此教师应引导辅助学生在毕业前，甚至在入学时就能找准自己的未来方向，以此为目标，不断提高自身综合能力。

（2）以培养学生综合素质能力为改革理念

教育的目的不是为少数人服务，而是为每一位渴望学习的人提供机会，兼顾每位学生的个性发展，为适应经济社会对人才的多样化需求，为社会培养各种人才。当今社会对于人才的定义并不仅局限于成绩优异，而是综合交际能力、组织能力、适应能力等复合型人才。

人才的多样化发展是要建立在每个人的个性基础上的，教育不是让每个不同的人趋同，而是在尊重学生的个性特点和个性选择上人尽其才，才尽其用。如果说以"学生为中心"是大学英语教育改革遵循的基础改革理念，那么培养学生综合素质能力则是教育改革中主要的实现路径和方向。

第三节　基于以人为本理念的大学英语教育改革

一、"以人为本"的大学英语教学理念研究

教育的根本所在应该是以人为本，顺应人的禀赋，提升人的潜能，完整而全面地观照人的发展。以人为本，就是把人类的生存作为根本，应用于教育理念即重视学生、理解学生、尊重学生、爱护学生，提升和发展学生的自身价值的理念。以人为本的教育理念更关注于学生的现实需求和未来职业发展，帮助开发和挖掘学生自身的潜能。其内涵主要体现在以下几点：

1."以人为本"首先要以"学生"为本

受传统教育模式的影响，中国式教育一直强调"尊师重道"，这里的"尊"强调的是尊重，而并非等级压制。曲解字面上的意思也在无形中拉大师生之间的距离，形成一种服从与被服从的等级关系，将

教师这一职业赋予了凌人之上的权威。这种不平等，甚至是压抑式的师生关系，只会给学生们带来一种无形的压力，更影响了学生在学习中发挥自主创新精神，磨灭了学生的自我本性。

以人为本的教育理念就是以尊重学生的主体性和主体精神为根本，创建更加适应学生主动发展的教学模式，形成民主、平等的师生关系，这也是建设健康向上可持续发展的良性师生关系的根本要求，更是师德建设的核心和内涵。

需要强调的一点是，这里的以"学生"为本并不是放宽对学生的管理，容忍甚至是纵容学生的错误行为，而是强调教师要给予学生爱和尊重，在教学模式上，不可体罚学生，不可采取强制性的灌输教育，而是要循序渐进，立德树人，找到问题的根本并解决，必要时再对学生进行教育性惩处。

2."以人为本"也要以"教师"为本

不管是混合式教学模式还是以人为本理念的教学模式，都强调了要将课堂的主体交还给学生，让教师成为教学的辅助者，学生的领航人。但这不意味着教师这一职业的松懈，相反大学英语教育更应当加强师德建设，自爱、自尊、自律。教师要向社会学习、向群众学生、向自己的教育对象学习，明确教师这一职业所肩负的责任——培养人才、振兴学术、创新知识的使命。高校教师要把践行社会主义核心价值观贯穿到教育教学的全过程，处处育人、时时育人，引导和把握好人生方向，特别是引导和帮助青少年学生扣好人生的第一粒扣子。反对浮躁、反对急功近利、追名逐利的思想。高校教师的自尊自律是主体，但也需要有制度来保障，建立健全高校师德建设长效机制就是一种制度保障。

3. "以人为本"特别要求注重学术与学风建设

大学是培养人才的地方，何为"人才"，除了具有一定专业知识或专门技能，进行创造性劳动并对社会作出贡献之外，还要有高尚的道德素养，德才兼备，这样才能称之为"人才"。大学教育不仅是专业技能的教育，更是立德树人的教育，注重学术与学风建设是影响大学及整个高等教育发展进步的核心问题。

换句话说，大学生的品德素质对未来各行各业的风向发展都有极大的影响。高校教师学术道德与学风建设是社会道德风向的重要标杆，学术研究的生命在于求真，这也要求了学者必须以求实的精神去追求真理。"学术至上、真理神圣"是铭刻在每一位教师心中的真谛。

"以人为本"的大学教育理念要求学校营造"严谨笃学"的教育氛围，教师应在学风建设中充分发挥思想教育、方法指导、学习评价、师表示范等方面的作用。高校作为国家人才培育基地，应当把立德树人放在教育的第一位，如果高校教师都不能严于律己，达不到学术道德与学风的高要求，那么这样的教育环境教育出来的学生在未来的职业生涯中也很难被委以重任，更别提能肩负起社会主义建设的重任。

教育的核心是以人为对象的活动，"以人为本"的大学英语教学改革的重点就是改变学生的学习方式，主张学生能够在教师的正确引导下，找到真正适合自己的学习方法，增强自身的自主学习能力。教师在课程设置中，也要时刻以学生的未来发展作为考量基础，锻炼学生积极思考，参与到学习活动中来，培养学生的自我意识、竞争意识和创新意识。

二、"以人为本"优化大学英语教育措施

1. 改革教学模式,以学生自主学习为本

随着科技的发展及社会对于综合性人才的需求量及质量的提高,大学英语教学也在不断迎合学生需求做出调整。教师不再将目光局限于"分数教育",开始将教育的核心转向锻炼学生的思维、创新能力的培养,让大学英语教育告别"哑巴英语",让学生们会学也要会熟练运用英语这项技能。教师在利用多媒体教学的基础上,增加了课堂教学的趣味性,并结合学生不同的英语基础进行划分教学,教学内容的拓展不仅给了大学英语教师新教学模式更新的可能,更推动了大学英语教师教学观念的转化,激发学生的学习兴趣及参与积极性。

著名心理学家布鲁纳说过:"学习最好的刺激是对所学教材的兴趣。"以人为本的教学理念就是要从学生的心理特点和接受能力的基础出发,将教学的主体归还给学生,用多种趣味教学手段激发培养学生学习英语的兴趣,调动课堂气氛,增强学生的学习积极性,变被动地摄取知识到主动地探求知识,让教师的"教"和学生的"学"更加流畅和谐。实施策略放在重视引导主体根据呈现内容展开思维,同时激发情绪迁移,使教学环节环环相扣,教师的教以"学"为中心,为"学"所带动。

2. 改善教学环境,以学生成长为本

教学环境并不单单指教学设备、硬件设施等外在环境,还包括教师资源、教学资源、人文素养等软环境。大数据时代下,很多高校转变了老旧的教学模式,更迭了教学设备,让技术走进校园,让课堂走

入网络，不管是人力、物力、财力，高校都做出了努力和调整，为学生们创造更具现代化的教学环境，利用新技术为学生们提供更加生动逼真的语言教学环境，多渠道地接触和学习英语。

创造良好的英语学习软环境是"以人为本"大学英语教学改革的中心。良好的英语学习环境更加利于学生对于语言的掌握，提高其自主学习能力，那么英语学习软环境的建设具体体现在哪些方面呢？

（1）开发学生潜力，培养学生自主学习能力。轻松、愉悦的学习氛围有助于学生更快地进入学习状态，在英语学习的过程中，教师应指导学生掌握科学的学习策略，帮助学生明确学术目标。除此之外教师还可利用多媒体网络平台进行线上课程教学，再配合线下的趣味英语活动，激发学生的学习动力，同时减轻学生在英语学习中的焦虑感，提高自主学习能力和学习效率。

（2）开设第二课堂，创造英语学习氛围。传统的面授教学模式，学习节奏较快，教师与学生之间很难有互动时间，学生更没有时间在课堂上进行知识的内化。为了提高学生的学习兴趣，教师可开展多样的课外活动，如英语竞赛、演讲比赛、英语话剧表演，多渠道为学生提供创造性运用英语的机会，提高学生的语言综合运用能力。

（3）注重情感交流，增强学生自信心。教师除了要在学习中引导学生，还要注重与学生建立情感互联，关心学生的成长。做到尊重学生、爱护学生，不辱骂、体罚学生，融洽的师生关系是建立良好课堂氛围的基础，只有真诚平等地对待学生，才能够从根本上激发学生的学习热忱。

3. 注重课堂教学，以学生实际为本

尽管互联网时代为大学英语的教学模式转变提供了更多的可能，但这并不意味着可以忽视掉课堂教学的重要性，迄今为止，课堂教学仍然是大学英语教育的重点环节，更是实现教师的"教"和学生的"学"教学相长的教育场所。

"以人为本"的教学理念要求教师在备课时应当融入更多的研究性因素，包括对课文的解读、探究词汇背后的故事、教学设计的创新、课堂问答设定及课后反思等。教师应当以研究的态度而不是刻板照搬的态度对教学大纲做出更多大胆的设计尝试，实现课堂教学的优化。在教学大纲设定时，教师一定要注意角色的转换，将课堂的主体交还给学生，每一个课堂环节的设定都是站在学生未来的发展需求上而并非自身教学水平的提高，只有这样，教学才能更具创造性，真正地为社会输送全能型英语人才。

课堂探究的主体是学生，教师在课堂教学中起到了指导和引领的作用，在整体教学大纲的设定上，又掌握着教学内容和教学方向。这也决定了教师在大学英语教学中的绝对地位，那么融合在正确的节点，调控并带动课堂整体学习气氛就是教师需要不断学习精进的教学步骤。除了在课堂上总揽全局，课后作业的布置也是一门学问，课后作业是学生不断内化知识的过程，有助于培养学生良好的学习习惯和自主学习能力，但部分教师在布置作业时，将题量大作为督促学生课后学习的手段，这种方法是极不明智的，盲目追求做题量只会让学生增强对英语学习的厌烦感，课后作业的目的是对学生进行有针对性的辅助教学，以及帮助学生通过题型训练内化知识点，教师应尊重学生

的个性要求，让学生有选择性地挑选适合自己学习难点的课后作业，这样完成的课后作业才真正具有实效。

4. 改革教学测试体系，以学生能力培养为本

如今的大学英语教学测试体系大多依赖于四六级考试，过于单一的测试方法局限了学生能力的综合发展。教学测试是为了引导学生进行自我检测和评估，是对学生的知识、技能和能力的一种衡量，而不是一味地为了分数，为了通过考试。当前的大学英语测试过于重视语言知识和语言形式，却忽略了语言能力的实际运用，也导致了大学生学了10年的英语，到头来还是"哑巴英语"。英语作为一门语言技能，为的就是帮助大学生们将来在进入职场后能够利用这门技能提高自身的综合竞争力，提高自身的职场竞争力。因此，在"以人为本"的改革体系下，大学英语测试也应当将语言知识、应用能力及创新能力相结合，学期测验与平时考核相结合，通过全方位、多角度的测试摸清学生在听、说、读、写、译各方面的薄弱点，发现问题后针对普遍难点，教师再进行重点解析，这样的教学测试体系才能真正体现学生的英语实际运用能力，才能为社会输送更多高质量、高素质的英语人才。

5. 鼓励教师探索创新，以人才培养为本

尽管多媒体网络教学能够适度缓解当下大学英语教师师资力量不足的困境，但毕竟面授课堂教育才是当下大学英语教育的主要方式，网络教学只能起到辅助作用，不可能代替教师的作用。在"以人为本"的教学模式下，教师应当合理利用多媒体网络教学，将其与课堂教学有机地结合起来。

那么要想找到网络教学与面授教学的平衡点就需要教师充分了解网络教学的相关知识，不断提高自身网络技术水平和知识水平，同时还要提升自身文化素养，不仅要英语专业过硬，还要涉猎教育学、心理学、语言学等多类别专业知识，只有教师自身的素质提升了，才能带领学生更好地提升语言的综合能力。认识教育的根本，"以人为本"的教育理念正是新形势下迎合大学英语教育改革的新思路和重要思想，只有坚持以人为本，以学生为中心的教育模式，才能真正站在学生的角度去钻研教育，塑造学生的完美人格，提升学生的综合素质。

三、"以人为本"的大学英语教师专业发展

"以人为本"的教育模式一直在强调将课堂的主体交还给学生，以学生为主导，但其本意并非是要弱化教师的职能。在大学英语的教学过程中，教师的"教"和学生的"学"同样重要，如果一味地将学生作为教学的中心和重心，这也违背了"以人为本"的教学初衷，真正意义上的教学改革是要关注教与学两个主体的客观并存，不偏不倚，维持一种最优状态的平衡。对于大学英语教师专业素养的提升，我们主要从教学态度、知识储备和教学科研能力这三大方面进行综合考量。具体体现在：教师爱岗敬业，能够遵守教师准则和道德操守，认真分析学生教学测评的各项内容，虚心向其他优秀教职人员学习，具有培训进修等自我发展的观念；能够掌握语言文化知识及相关学科知识，教学理念能够随着时代发展不断更新换代，熟悉现代科学技术并能够应用于教学大纲的设定，关心学生，了解学生的学习兴趣及学习需求；

不断丰富自身教学手段，拥有课堂教学的随机应变能力，做到课后多反思、多检讨，虚心接受自身在教学层面的不足并及时更正；在用科研指导实际的教学工作中实现教学相长，不断增强自身的专业素养，真正做到"学高为师，身正为范"。

1. 丰富的知识储备

追溯英语这门语言的起源，至今已有4000余年，想要掌握这样一门历史悠远的语言文明是任重且道远的，对于当代大学英语教师来说，仅仅掌握教科书上的知识点是不够的。大学英语教师应当构建多元化的知识结构，不仅要丰富自身的专业素养，还要学习自然科学、社会科学等跨学科知识，在向学生们讲授知识点时，不仅要让学生们理解英语词汇及句型的表面含义，其知识内涵、文化内涵都要科普给学生们，将多种类知识融会贯通在教学行为中。

除此之外，教师还要注意加强对英语课堂教学手法的更新，学习新技术、借鉴新方法，力求将教学课堂做到尽善尽美，能够针对不同学生的薄弱点并综合其学习兴趣及学习习惯因材施教，辅助学生运用适合的学习方法不断内化知识，提高其英语综合运用能力。

2. 端正的教学态度

爱岗敬业是每位教师的职业操守，也是作为人类灵魂工程师的基本要求。教师不仅是学生在学习中的领航人，更是学生在生活中的引导者，教师应关爱学生，了解学生的需求，探究学生在学习英语时的实际难处，及时纠正并引导学生改正错误的学习态度。同时，大学英语教师应当多在教学中反思，并阶段性地对自己和学生进行综合评测，在评测中发现教学中的漏洞和学习中的难点，及时改进。教师既是知识的传授者也是知识的吸收者，教师要虚心求教，多向有经验有能力的教师学习，旁听、观摩和参加各地举办的英语教学交流研究会，这些都有助于教师专业质素的发展。大学英语教师要具备培训自修等自我发展观念，紧跟时代潮流，不断精进和丰富自己的教学手段，积极参加学校或其他组织举办的进修活动，从各个层面来提升教师的综合素养。

3. 良好的教学科研能力

课堂面授是大学英语教学的主要模式，也是教师进行知识点讲解和答疑的主要场所，因此教师需要紧抓课堂时间，用有限的时间发挥出最大的教学实效。教师可设置课堂激励机制，这不但可以培养学生的集体意识、参与意识、荣辱意识，还能激发学生的学习热情。大学英语教师除了关注学生对于知识点的内化和实际使用能力，更不能忽视对学生的跨文化交际能力的培养，为学生创设灵活、多变的课堂教学模式。采用沉浸式的对话模拟，为学生们营造出真实的英语交际环境，通过模拟对话教学、实景训练等教学手段，帮助学生了解英语词汇、英语俗语背后的文化故事，增强学生对于外国文化内涵的理解。

教师更要随时对课堂教学模式和测评结果进行记录和分析反思，通过一次次反思发现新的教学难点，逐个攻破，只有将矛盾点分析并解决，才能形成具有个人教学风格的科研成果，从而形成大学英语教师专业发展过程中良好的循环促进过程。

参考文献

[1] 曹志红. 大学英语教育生态环境中英语教师的作用 [J]. 语文学刊（外语教育教学），2015（3）：95—96.

[2] 曹琦儒，杨川. 中国英语教学中的"低效"问题 [J]. 商业故事，2015（25）：84—85.

[3] 王从从. 大学英语教育存在的问题与对策 [J]. 亚太教育，2015（9）：112.

[4] 王守仁，王海啸. 我国高校大学英语教学现状调查及大学英语教学改革与发展方向 [J]. 英语广场（下旬刊），2014（10）：80—81.

[5] 黄波. 大学公共英语生态化教学再思考 [J]. 国内高等教育教学研究动态，2009（15）：13.

[6] 蔡基刚. 大学外语教学改革和争议暨外语教学的学科性探讨 [J]. 外语电话教学，2012（1）.

[7] 陈坚林. 大学英语教学新模式下计算机网络与外语课程的有机整合——对计算机辅助外语教学概念的生态学考察 [J]. 外语电化教学，

2006（6）：3—10.

[8]赵庆红，雷蕾，张梅.学生英语学习需求视角下的大学英语教学[J].外语界，2009（4）：14—22.

[9]乔梦铎，金晓玲，王立欣.大学英语教学现状调查分析与问题解决思路[J].中国外语，2010（5）：8—14.

[10]王初明.从外语学习角度看大学英语教学和考试的改革[J].外语界，2010（1）：17—22.

[11]孙有中，李莉文.CBI和ESP与中国高校英语专业和大学英语教学改革的方向[J].外语研究，2011（5）：1—4.

[12]陆俭明.制定科学的外语教育战略，提高国民语言素质[A].2010年中国外语战略论坛.

[13]陈颖.教师自主与学习者自主的相关性研究[J].外语电化教学，2011（4）：55—60.

[14]高吉利，李秀萍.自主性外语学习环境下的大学英语教师自主能力调查与研究[J].外语界，2011（4）：29—35.

[15]高鹏，张学忠.大学英语课堂中学习者学习自主性的培养——一份自主式课堂教学模式实验报告[J].外语界，2005（1）：33—39.

[16]高玉兰.基于"以人为本"的教育理念改革大学英语教学[J].中国高教研究，2004（8）：91—92.

[17]刘永富.关于人本主义的若干问题——为考察世纪之交的哲学走向而作[J].武陵学刊，1996（4）：1—5.

[18]刘润进，李长友，李敏.大学生自主探究学习能力的培养及其评价体系的构建[J].高等农业教育，2015（1）：61—65.

[19]王丽霞，郝志平，杨静.有效的大学英语课堂管理策略[J].

长春教育学院学报，2009（3）：67—69.

[20] 孙扬. 改革开放以来大学英语教育政策的话语秩序研究 [D]. 漳州：漳州师范学院，2013.

[21] 尹国杰. 基于职业生涯发展的教师教育课程设置研究：以英语学科为例 [D]. 重庆：西南大学，2014.

[22] 孙先洪. 信息技术与大学英语课程整合中的教师计算机自我效能研究：基于聊城大学大学英语教学改革的实践 [D]. 上海：上海外国语大学，2013.